序文

知念　章

私が沖縄の危機を感じ、四一年ぶりに沖縄にUターンしてから五年が経ちました。沖縄の言論空間は想像以上に偏向しているように感じました。多くの沖縄県民が教育やメディアにより思い込まされて……強い言葉で表現すれば「洗脳」された状態で、特定勢力にいいように支配されているように見えたのです。

私自身は覚醒し、洗脳の根っこがＧＨＱのプログラムによるものであることを理解しました。そして、それが敗戦利得者たちや左派勢力に利用され、先の大戦の歴史が書き換えられた事実を知りました。

ＧＨＱは本土においては自虐史観を植え付け、沖縄では本土との分断を謀るためのプログラムを発動しました。そのため現在、本土は加害者、沖縄は被害者のような思い込みを本土の人も沖縄県民も漠然と抱いているのです。

しかし、今回、ジャーナリストの仲村覚さんの仕事をお手伝いさせていただき、それが実は氷山の一角にすぎないことがわかりました。沖縄の歴史は沖縄戦よりももっと以前、江戸幕府の成立時から被害者の観点で書き換えられた形跡があったのです。おまけにＧＨＱは、古代史を含めた全ての日本の歴史を書き換えていました。

私自身がまだ覚醒していなかったことを自覚しました。いわんや他の県民においてをや。歴史を失った民族は滅亡の道を行くしかないとされます。ＧＨＱはそのことを知っていて日本人から歴史を奪い去り、二度と立ち上がれないようにするための洗脳プログラムを実行したのです。彼らはそれだけ日本という国、日本人の高いポテンシャルを恐れたのです。

日本人はまんまと彼らの戦略に乗せられてしまいました。それでも本土においては、覚醒した多くの日本人が警鐘を鳴らし始めました。歴史を取り戻すための動きが始まっています。

では、ここ沖縄ではどうでしょうか?

沖縄の歴史は、書き換えられたまま放置されています。

学校で私たちが教えられる沖縄の歴史は「琉球史」という括りで、日本史以外の外国の歴史のような扱いを受けています。この本は学校で教えない真実の沖縄の歴史を、日本で初めて解き明かしました。日本という国の中の沖縄の歴史です。

中国共産党はＧＨＱの遺産を引き継ぎ、沖縄において歴史戦を仕掛けています。多くの県民、国民が「亡国の歴史観」を学ばされ、歴史戦において不利な状況に立っています。この本により正しい歴史観を確立することが、歴史戦を闘い抜く上で急務です。

この本を読めば、以下のことが全くの思い込みであることが理解できます。

一、琉球王国は鎖国体制下の日本の外にあり、自由で平和な貿易で繁栄していた。
一、かつての琉球王国は独立国であり、先住民である琉球民族が明治政府により侵略され、王国は滅亡させられた。

他にもこの本は、以下の疑問に答えてくれます。

一、「琉球処分」の真実の意味とは?
一、琉球は華夷《かい》秩序に組み込まれ、日支の両属関係にあったのか?
一、琉球は自ら条約を締結できる独立国家であったのか?

歴史を学ぶことは、個人における自尊心を高めることにもつながります。

自分は何者なのか、自分が生まれた国はどんな国なのかを知ることになるためです。

私自身、長く本土に住み、自分が何者なのか、沖縄人なのか日本人なのか? 自らの出自に疑問を感じながら生きていました。深く思い悩むことはなかったのですが、何か不全感を覚えながら生きていました。

ある時、沖縄の人も日本民族であり、誇れる国・日本の一員であったことを知った時から、そのことが嬉しく、不全感はキレイに消えてなくなり、迷いもなくなりました。私自身が、沖縄の人は日本人とは違うというプロパガンダに毒されていたのです。

沖縄の子供たちは間違った歴史観を教育され、平和教育というさらに間違った歴史観を上塗りされ、自信を持てないでいるように思います。そのために、沖縄県は学力、貧困、失業率、離婚率、低賃金などの全国ワースト一位を記録し続けている気がしてなりません。

県民の甲子園や芸能界、各界での大活躍は県民のポテンシャルの高さを明示していますが、教育やメディアによりその頭を抑えられているのです。県民の高いポテンシャルを解き放つためにも、一刻も早く書き換えられた歴史を取り戻すための教えが必要とされています。

この本は、学校でも教えるべき教科書的な内容となっています。多くの方に読んでいただき、広めていただきたいと思います。

最後になりましたが、このような歴史的な著書の手伝いをさせてくださった仲村覚氏とハート出版の皆様に厚く御礼申し上げます。

はじめに——日本民族にとっての沖縄問題

■沖縄問題にストレスを感じる理由

現在「沖縄問題」というと、多くの方が真っ先に思い描くのは、「辺野古《へのこ》移設問題」と「翁長雄志《おながたけし》知事」だと思います。翁長知事の顔をニュース報道で見るたびに、読者の皆様はおそらく、「また反対か！」「困ったものだ！」「どうして中国の脅威をわからないのか⁉」といった感想を持つでしょう。保守言論界の中でも、「沖縄と東京のやりとりを新聞で見ると、沖縄疲れをする」と新聞の論文で表現された方がいらっしゃるくらいですので、ごく当たり前な感想だと思います。

沖縄問題にこのようなストレスを感じるのは、おそらく共通の理由があると思います。それは、「沖縄問題とは県外の方が口出ししてはならない沖縄県民の問題」、もしくは「沖縄県民と日本政府の問題であり、自分には何もできることがない」と感じているからではないでしょうか？　日本の厳しい安全保障環境を理解している人ほど、口出しも手出しもできないことにいらだちを覚え、ストレスを感じてしまうわけです。

しかし、これから本書で伝えたい真実は、一八〇度、逆のことなのです。

「沖縄問題は、日本国民全員が当事者であり、積極的に関わって解決していかなければならない問題である」

さらに踏み込んだ表現をすると、

「沖縄問題の深因は、日本民族の一体感を問われるような、日本国民の民族意識の問題である」

「沖縄問題の解決は、即、日本民族の団結を取り戻すことであり、日本の再建そのものである」

ということなのです。

一見、理解できない主張だと思われる方も多いと思いますが、本書をご一読いただければ、多くの読者の皆様が沖縄のニュースの裏で何が起きているのかが、手に取るようにわかるようになり、自分のことととして捉えることができるようになるでしょう。そして、瞬時にどのような手を打たなければならないか、自分がどう動くべきかがわかるようになってくるはずです。

■沖縄にも愛国者は存在する!

さて、沖縄問題はストレスを感じさせると述べましたが、かつて、私は逆のストレスを感じていました。例えば、保守系の雑誌などに沖縄問題を論評する記事が掲載される場合、沖縄の新聞の記事を沖縄の世論だと勘違いし、沖縄県民全体を批判していることが多いのです。普段は沖縄の新聞の偏向報道を批判していても、なぜか記事そのものは信じてしまうのです。

このような記事を見るたびに、私は「また離間の計に引っかかったか！」と、がっかりするのです。

沖縄ではいつも「基地反対！」と叫んでいる印象がありますが、そのカラクリは、東京にある司令所から指示が出て、沖縄の市民団体と政治家がマッチを擦って小さな火を点け、沖縄のマスコミが沖縄県民全体の声であるかのように大げさに報道し、それをそのまま全国メディアが定番の報道をしているだけです。全国メディアは、沖縄に記者がいても自主的な取材や報道はせず、基地反対の声しか伝えないので、そういう印象が与えられているに過ぎません。

■最も危険なプロパガンダ

活動を始めた当初、沖縄の情報はいったいいつからねじ曲げられ、本土と沖縄の溝を作り続けていたのか疑問に思い調べてみました。

すると、その歴史は恐ろしいほど古く、遅くとも一九六〇年代の沖縄県祖国復帰前だということがわかりました。沖縄が日本に復帰したときには既に沖縄のマスコミは左翼に乗っ取られており、本当は存在しない問題を左翼活動家、政治家と連携してマッチポンプで作りあげるシステムにより、日本政府を振り回し続けてきたのです。

つまり、沖縄県はねじ曲がったままの状態で、日本に復帰し再デビューしたので、多くの日本国民はねじ曲がった沖縄しか見たことがないわけです。それが五〇年以上も続いてきて、政府も政治家も国民も誰も気がつかないまま騙されてきてしまったのです。

沖縄問題プロパガンダは、もはや南京大虐殺プロパガンダ、従軍慰安婦強制連行プロパガンダより歴史も長く成功しているプロパガンダだと言わざるを得ません。後者二つのプロパガンダは、多くの保守系言論人やジャーナリストが事実を調べ発信し政府を動かしてきましたが、沖縄問題に関する専門のジャーナリストというのは極めて限られています。ようやくここ数年で、多勢に無勢ではありますが、わずかばかり戦う勢力ができてきた状況にすぎません。

■沖縄の現在と歴史全てがプロパガンダ

それ以外にも沖縄プロパガンダにはもう一つ大きな特徴があります。それは、いくつも重なった歴史戦であるということです。

南京や朝鮮のプロパガンダは、一つの出来事のプロパガンダですが、沖縄のプロパガンダは、沖縄の歴史ほぼ全てと現在の出来事がつながっています。これらのプロパガンダを、時代をさかのぼって、要約を列挙してみます。

◆安倍内閣は沖縄県民の人権を無視して米軍の新基地建設を強行しようとしている。
↓安倍内閣は沖縄の自衛隊を増強して中国と戦争をしようとしている。日本軍が県民を守らないのは沖縄戦が証明している。

↓沖縄が復帰した時、日米両政府は沖縄県民の願いを無視して米軍基地を押し付けた。復帰は屈辱だ。

↓サンフランシスコ講和条約で、日本政府は沖縄を質草に入れて、自分たちだけ先に主権を回復した。

↓太平洋戦争で、日本は沖縄を本土決戦のための時間稼ぎとして捨て石にした。日本軍は沖縄県民を助けるどころか、スパイとして虐殺した。

↓一八七九年、明治政府は琉球に軍隊を送り込んで脅して沖縄県の設置を強行した。小さいながらも明国や清国と交易をして、四五〇年間栄えていた琉球はこの時滅びた。

↓一六〇九年、武器を持たない平和な琉球を鉄砲を持った薩摩軍が侵略し、琉球はあっという間に占領された。これ以来、琉球は日本と中国の両方に属する国となり、重税に苦しめられた。

↓

一三七二年に中山王が明国に入貢し、一四二九年に三山統一を果たし、以来、琉球は万国津梁の精神で東南アジア諸国との貿易を飛躍的に発展させ、栄えていた。

以上列挙してみましたが、頭がくらくらするぐらい、被害者意識に徹しています。このような歴史観をインプットすると「一六〇九年以来日本に差別され続け、また基地を押し付けられて差別されようとしている。もうこれ以上、我慢できない！　政府の言いなりにはならない！断固阻止して沖縄人《ウチナーンチュ》の誇りを取り戻そう！」となるわけです。

この一連のプロパガンダをよく見ると、日本から離れても被害者、復帰して日本と一緒になっても被害者で、辻褄《つじつま》が合っていません。しかし、沖縄のマスコミの勢いに巻き込まれ、このような歴史観が沖縄では普通に定着してしまうのです。

結局この歴史観は、「日本に侵略併合される前の沖縄は繁栄して幸福だったが、日本に侵略されることによって、琉球の文化も主権も奪われ不幸になり、今も差別され続けている」というシナリオを発信しているのです。

■民族とは歴史と使命を共有した運命共同体

沖縄の歴史がプロパガンダによってねじ曲げられたということは、日本民族にとって何を意味するのでしょうか。

いわゆる保守思想をお持ちの方は、「保守とは歴史と伝統を大切にすることだ」「日本の皇室と伝統文化を大切にしてこそ日本の未来は繁栄する」という考えだと思います。

では、その日本の伝統文化の中に、沖縄の文化、琉球文化は含まれているのでしょうか？

日本の歴史の中に琉球時代の沖縄の歴史は含まれているのでしょうか？

おそらく、皆様の間では「沖縄県が設置された明治一二年以降の沖縄は日本の歴史に含まれる」という考えに異論はないと思います。

では、薩摩の附庸国《ふようこく》となった時代はどうでしょうか？

学校でも学術界でもその時代の沖縄は「日清両属」や「日支両属」の地位にあったというのが定説になっています。当時の沖縄の半分は中国だったのでしょうか？

「いや、沖縄は縄文文化だから最初から日本人だ！」と主張する人も少なくないと思いますが、では、「琉球国は日本なのか？」と問われれば、そう簡単に現在の学術界で通用するだけのコンセンサスを取るのが容易でないのが現状です。

その理由は簡単です。現在学校教育で教えている「日本史」にも、日本史の学術界が定義している「日本史」の中にも、沖縄県設置以前の沖縄の歴史が含まれていないからです。だから歴史学者の間で、「私の専門は日本史だから、沖縄の歴史はわからない」という言葉が通用するのです。そのため、沖縄の歴史を勉強しようとすると、別のジャンルである「琉球史」を学ばなければならなくなるのです。

「保守とは歴史と伝統を大切にすることだ！」と主張される愛国者は数多くいます。では、ある沖縄県民が保守の精神に目覚めた場合、何を勉強し、何を大切にするべきなのでしょうか？

それは、日本史なのでしょうか？　それとも琉球史なのでしょうか？

「琉球史」と「日本史」が別物であるとするなら、「琉球史」ということになります。そうすると、「私の大切にするべき歴史は日本史ではなく琉球史であり、大切にするべき文化は日本文化ではなく琉球文化だ！」となってしまいます。そして、保守の精神の強い人ほど、「私の使命は琉球文化の復興だ！」「琉球国の再建だ！」という考えに陥ってしまうのです。

つまり、琉球独立運動に走る人にもそれなりの大義があり、歴史の分断は遅かれ早かれ、民族の分断を必ず招くということです。そして、その責任の一端は、日本史の中で琉球国の歴史を別物として扱い続けてきた、日本の学術界、教育界にもあるのです。

私はこの問題にぶち当たり、民族とは何なのかを考え続け、一つの結論に達しました。それは、「民族とは、歴史と使命を共有した運命共同体である」ということです。

本来、沖縄県民にとっても神武建国以来の日本の歴史は自分の歴史であり、日本国民全員にとっても、琉球国の歴史は日本の一地域の歴史です。また、沖縄戦は日本民族の総力をあげて、皇室と国体を守った建国以来最大の本土決戦であり、沖縄県祖国復帰は、敗戦により分断統治された日本民族が再び一つの政府のもとに帰ってきた、日本民族再統一の日です。

結局、沖縄問題の根本的な解決とは、分断された沖縄の歴史を日本民族の歴史として統一させていく運動だということです。

本書は、スパゲッティのように複雑に絡まった沖縄問題を一つ一つ丁寧に解いていくために書き上げました。

読み進めていくうちに、同じ日本人として沖縄と日本との絆を感じとり、沖縄問題に対するストレスも消えていくと信じております。どうか、最後までお付き合いください。

平成三〇年三月五日

仲村　覚

『沖縄はいつから日本なのか』目次

序文――知念章　1
はじめに――日本民族にとっての沖縄問題　5
■沖縄問題にストレスを感じる理由
■沖縄にも愛国者は存在する！
■最も危険なプロパガンダ
■沖縄の現在と歴史全てがプロパガンダ
■民族とは歴史と使命を共有した運命共同体
一章　沖縄の現実と真実　19
嘘だらけの沖縄反米運動のからくり　20
■嘘だらけの三万五〇〇〇人の反基地集会
■巧みなトリック写真
■県民大会ではなく左翼の全国大会
■辺野古基金とは共産革命闘争資金集金システム
■祖国復帰運動で反政府闘争基地を構築された沖縄
国民保護の主体は自衛隊ではなく自治体　30
■Ｊアラートを活用しよう
■ほぼ全自治体で作成されている国民保護計画
■国民保護計画の主役は自衛隊ではない
■本土決戦の経験に学ぶべき国民保護計画
■国民保護の指揮官は自衛隊ではなく、自治体の長
■自主防衛意識の復活は、政治家の国民の命を守る気概を取り戻すことから

日中友好の名のもとに沖縄をチャイナに売り渡す　39
■陰りを見せる「オール沖縄」だが……
■沖縄国際物流ハブ構想
■中国に取り込まれていく沖縄
■沖縄を侵食していく中華企業
■日中友好という恐るべき深慮遠謀の罠
ウーマン村本に読んでほしい沖縄の歴史　49
■村本大輔氏の問題発言
■日本は沖縄を侵略したのか？

二章　真実の沖縄史　59

江戸幕府の国防最前線だった沖縄　60
■学校で教えている江戸時代の琉球は中国発の歴史観
■中国サイトに掲載された華夷秩序の琉球の歴史
■琉球王を源氏の子孫とする琉球国の正史
■江戸時代に起きた琉球ブームを作った江戸上り
■実は大陸文化の影響を受けていない沖縄
■八重山まで届いていた江戸幕府の禁教令
■江戸幕府の海防政策「先島諸島火番盛」
■明清動乱期に苦悩した琉球の外交政策
■江戸時代の琉球発・食文化
■戦国時代の薩摩琉球関係の変遷
■島津の琉球遠征
■江戸時代の琉球は独立国だったのか？
沖縄の危機から始まり沖縄県設置で終わった明治維新　90
■明治維新の本質
■学校の教科書の修正が必要な明治維新の歴史観

■明治維新の時の沖縄と今の沖縄
■沖縄の自己決定権のキャンペーンのシンボルとされた琉米条約
■島津斉彬の琉球を利用した富国強兵政策
■斉彬に引き上げられたジョン万次郎と牧志朝忠
■島津斉彬の軍艦計画
■琉球の悲劇を生んだ斉彬の急死
■決定的な倒幕外交、パリ万博の薩摩琉球国勲章
■沖縄は明治維新の主役の一員
明治維新の原型、薩摩の「琉球秘策」　110
■琉球の危機勃発により始まった明治維新
■琉球危機を切り抜ける具体的方策である『琉球秘策』
■外国船の琉球来航への薩摩と幕府の対応
■伝統的薩琉関係が琉仏貿易の障害として立ちはだかる
■外国人の滞留により露呈した薩摩の琉球支配
イギリス軍艦の琉球来航　122
■ヨーロッパ人の琉球観を確立したバジル・ホール
■イギリス商船ブラザーズ号の来航
■イギリス探検船ブロッサム号の来航
■イギリス東インド会社商船アマースト号とアメリカ商船モリソン号
■イギリス海軍輸送船インディアン・オーク号の遭難
■クリフォード大尉の琉球ミッション
■「バジル・ホールの孫」チェンバレンの功績
三章　沖縄県祖国復帰の真実　137
沖縄復帰闘争の背後に毛沢東あり　138
■日本共産党に乗っ取られていた沖縄県祖国復帰運動
■公開された機密文書からわかる「祖国復帰運動」の実態
■復帰協の真の目標とは？

■毛沢東が沖縄県祖国復帰運動を裏で糸を引いた証拠三点
■軍拡・外交・謀略を連携させた毛沢東の戦略
■沖縄復帰の実現で方針転換した毛沢東の謀略
■沖縄戦の英霊と沖縄県祖国復帰
■大田実中将の決別電文と沖縄県祖国復帰
■復帰協に対抗した本当の復帰運動「沖縄返還協定批准貫徹県民大会」

失敗した蒋介石の琉球独立工作 157

■国連で先住民代表としての発言を繰り返す国会議員
■琉球独立工作を皮肉ったパロディ新聞
■琉球独立プロパガンダを本格化した中国メディア
■沖縄県民に受け入れられたことのない琉球独立論
■「海の長城」から「大陸反攻の重要拠点」へと重要度を増した沖縄
■琉球革命同志会と琉球国民党
■国民党から中国共産党の手に渡った琉球独立論
■沖縄では根づかない「琉球独立論」
■沖縄は歴史戦の戦場

沖縄県祖国復帰運動の中にこそ日本精神あり！ 172

■スコットランド、カタルーニャの独立運動
■終戦直後の捕虜収容所で始まった沖縄県祖国復帰運動
■日本語を守り抜いた沖縄の先人たち
■「国旗掲揚に就いての請願書」
■屋良朝苗氏の魂の名演説

一九六四年東京オリンピック・沖縄聖火リレーの意味 188

■米軍占領下で東京オリンピックを迎えた沖縄
■祖国との一体感を求めて聖火リレー沖縄開催を！
■米国民政府に日の丸掲揚を黙認させた沖縄県民の祖国愛
■名護市嘉陽の聖火宿泊碑
■東京オリンピックの翌年に実現した佐藤首相の沖縄訪問

四章　中国による沖縄侵略計画　199
中国の目的は「既成事実作り」　200
■尖閣諸島の天気予報を行わない日本
■戦争は実効支配を失ったら負け
■政府が即、行うべき沖縄防衛政策
■政府が今後取り組むべき国防政策
中国空軍の幹線道路となった宮古海峡　209
■石垣市議会で見送られた尖閣諸島の字名変更
■突如進展を始めた日中空海危機管理の連絡メカニズム
■中国空軍の幹線道路化を黙認する日本政府
■台湾武力統一を視野に入れた訓練を開始した中国空軍
■宮古海峡を突破する中国海軍の強い意志
■政府は軍事以外の総力戦で中国の侵略を阻止せよ
誰が沖縄県民を先住民族にしたか？　221
■突然台頭してきた琉球独立論の正体
■翁長知事の琉球独立宣言演説文に隠された巧妙なトリック
■沖縄県民の知らないところで出された四回の国連先住民族勧告
■中国と琉球独立派のシンクロぶり
■中国は琉球独立運動を支援するべき
■国連も巻き込んだ琉球独立工作
おわりに　234
《巻末資料》屋良朝苗　国会参考人演説　236

一章　沖縄の現実と真実

嘘だらけの沖縄反米運動のからくり

■嘘だらけの三万五〇〇〇人の反基地集会

沖縄の政治イベントでは恒例のお祭りのように、基地反対集会が開催され、数年に一度は数万人規模の大集会が開催され、日本政府を揺るがす大問題となっています。そのイベントは「県民大会」と称され、県民の総意の証として政府への大きな圧力となっているのです。

ここ数年で最も盛り上がった集会は、翁長知事が就任した年の翌年二〇一五（平成二七）年五月一七日に、那覇市で最も大きい野球場であるセルラースタジアムで開催された「普天間《ふてんま》飛行場の県内移設阻止」を掲げた県民大会です。

主催者発表では、三万五〇〇〇人が参加したと報道されています。琉球新報と沖縄タイムスは、当日号外も発行し、翌日は一面と最終面の見開きのページでグラウンドとスタンドが参加者で埋め尽くされている会場の写真を掲載し、「新基地建設断念を、三万五〇〇〇人が結集」という白抜き帯のタイトルで超特大記事を掲載しました。

当日の新聞を見た人で、この記事やタイトルを見逃す人はいません。集会に賛同せず参加しなかった県民の人も、沖縄県民が三万五〇〇〇人も集まったと思ってしまいます。しかし、この集会及び記事には、大きな嘘がたくさんあります。

■巧みなトリック写真

まず、この新聞の写真は、グラウンドの土も芝生も一切見えないほど参加者が内野から外野までを埋め尽くし、さらにその先の外野席もぎっしり満席で、それは前代未聞の大動員を実現した集会の写真のように見えます。セルラースタジアムの収容人数は内野スタンドと外野スタンドを合わせて三万人ですので、三万五〇〇〇人は真実かのように見えます。

しかし、別の航空写真や外野から撮影した動画を見ると、全く逆の光景が見えます。内野グラウンドと内野スタンドの狭いエリアに人がぎっしり集められ、グラウンドの八割の広さを占める緑の芝生の外野には人っ子一人存在していないのです。

とても同じイベントの写真とは思えないのですが、考え続けてこのからくりが判明しました。それは写真の撮影方向が逆だったのです。この写真は誰もがホームベースから外野スタンドにカメラを向けて撮影したものだと思ってしまうのですが、実は、セカンドから内野スタンドに

騙されるな！琉球新報のプロパガンダ写真

向けて、それも広角レンズで撮影したものだったのです。てっきり外野スタンドだと思っていたのは内野スタンドであり、カメラの後ろにはガラガラの外野グラウンドが広がっていたのです。そうすると、内野スタンド一万五〇〇〇人、内野で数千人と考えられ、実際の動員は一万八〇〇〇人ぐらいの計算になります。

これは、左翼政治家と左翼マスコミがタッグを組んだ「プロパガンダ写真」と言わざるを得ません。この写真と見出しが一人歩きし、三万五〇〇〇人が集まったという大嘘が歴史の中に刻み込まれてしまうのです。

実際、この集会の直後に翁長知事は訪米し、マケイン上院議員と面談をした際、この写真を掲載した琉球新報と沖縄タイムスを広げ、「これだけ県民が集まって反対しているのだ」とアピールをしていました。

■県民大会ではなく左翼の全国大会

もう一つ、大きな嘘があります。それは「県民大会」という名称です。

毎年五月一五日前後になると、沖縄平和運動センター（議長：山城博治）が中心となって「五・一五平和行進」というイベントが開催されます。ウェブサイトで公開されているスケジュールを見ると、全四日間の日程で、初日には「全国結団式」が行われ、沖縄各地を二コースに分かれて二日間練り歩いた後、最終日には「県民大会」で締められます。

ここで、問題になるのは「全国結団式」です。ウェブサイトに掲載されている五・一五平和行進のチラシを見ると、タイトルの上に「歩くことで知る沖縄があります」と書かれています（次頁図参照）。これからわかるように、沖縄県民を対象にしたチラシではなく、県外の方に沖縄で開催するイベントへの参加を呼びかけるチラシとなっているのです。県外から参加を公言している団体がないかネットで調べてみると、「全日本水道労働組合」、「石川県平和運動センター」がしっかりと四日間のスケジュールを掲載していました。

ネットで見つかるのは全体のごく一部で、沖縄の平和行進の動画を見ると、全国各地の組合員がそれぞれの幟《のぼり》を掲げて歩いているのが見えます。また、県民大会などでは各団体がバスを借り切って集まってくるので、そのバスの◯◯様御一行を見れば、どこから来た団体なのか

県外の方の参加を呼び掛けているポスター

はすぐにわかります。つまり、県民大会の実態は、左翼の全国大会が沖縄で開催されているということです。初日に「全国結団式」を開催して、最終日には同じメンバーで再び大会を開催するのですから、本来、「県民大会」ではなく「全国決起大会」とでも称するべきです。

つまり、これまで「左翼の全国大会」が沖縄で開催されていたのを、「基地反対の沖縄県民大会」が開催されたと全国で報道していたということなのです。

それを沖縄だけでなく、全国のマスコミも、こうした事実を数十年間にわたって隠蔽し続け、「沖縄県民が基地に反対している」という声を作り上げているのです。

また、この大会の声を根拠に政府に抵抗する翁長知事は、沖縄県民の代弁者ではなく、全国の左翼の代弁者として機能しているということです。

■辺野古基金とは共産革命闘争資金集金システム

翁長雄志氏が知事になって、新たな左翼の闘争システムが構築されました。それは辺野古基金です。翁長知事を政治的看板としてかつぐ、「島ぐるみ会議」や「オール沖縄会議」の闘争資金の調達システムです。設立当初から、七割が県外からの寄付と報道されています。

先ほどの「県民大会」では、全国から沖縄に「人」を動員する仕組みが作られていますが、「お金」も全国から沖縄に集まる仕組みが公に作られたのです。

基金と銘打っているので、辺野古基金の公式ウェブサイトにて、情報を公開しています。この原稿の執筆時点（平成三〇年二月一二日）での寄付額が六四九、八四二、七一四円（一二三、六九五件）、支援額が四八六、九八二、八四八円とされています。既に四億八〇〇〇万円ものお金が沖縄の辺野古移設阻止闘争の活動に使われているわけです。

その支援先のリストも公開されています。リストから主なものを拾うと「オール沖縄会議」「辺野古訴訟支援研究会」「辺野古土砂搬出反対全国連絡会」「島ぐるみバス支援」「沖縄国際人権研究会」「森の映画社」「平和センター」「ジュゴン保護キャンペーン」「ND（新外交イニシアティブ）シンポジウム」「ヘリ基地反対協議」「辺野古弁護団」「ふたば通信社（意見広告費）」などがあります。支援先を見ると、現地でプロ市民として活動している団体から、法廷闘争を専門にしている団体、また都心から現地に人を輸送する資金、映画を作る資金、意見広告を出す資金と、ありとあらゆる活動にお金が流れています。

また、その他に、各市町村単位の島ぐるみ会議の設立支援として資金が提供されています。これは、非常に危険なことで、現在の組織が勢いづくだけではなく、各市町村で島ぐるみ会議の活動が活発化し議会を支配されてしまう危険性があります。

この辺野古基金は沖縄の問題、沖縄県だけの問題だと思ったら大きな間違いです。その理由は二つあります。まず、共同代表八人中四名が沖縄県外の著名人だということです。看板的な役割を果たしているのは金秀グループの会長・呉屋守将《ごやもりまさ》氏、続いてオキハム会長の長濱徳松氏ですが、それを遥かに超えて全国的に知名度が高い共同代表が、映画監督でスタジオジブリの宮崎駿氏、作家の佐藤優氏、ジャーナリストの鳥越俊太郎氏です。彼らが共同代表となることで、辺野古基金の信用度が高まり、県外からも多くの方の寄付が集まる仕組みが作られたわけです。寄付の件数は既に一一万件を超えています。

もう一つは賛同団体です。辺野古基金のウェブサイトにも、賛同団体の一覧が都道府県別でわかるように掲載されています。賛同団体は一二八三あり、その中で沖縄県の賛同団体は一七団体のみです。都道府県とは別に「中央」という分類がありますが、これは全国組織を持つ団体のことであり、それが三六団体あります。その例をあげると「日本教職員組合」「国鉄労働組合」

「全国労働組合連絡協議会」「安保破棄中央実行委員会」「全日本自治団体労働組合」などがあります。これだけで、左翼勢力の大半を占めるのではないかと思うほどです。

それに加え、各都道府県の賛同団体の一覧が掲載されています。東京都は一〇九団体、神奈川県は二七団体、千葉県が一七団体、埼玉県が意外と少なく二団体、九州では、福岡は四四団体、佐賀県が四七団体、鹿児島県が二一団体となっています。

このように辺野古基金は決して沖縄の基金ではなく、沖縄を拠点とした反政府闘争を推進するために、沖縄の活動、組織強化を支援する全国規模の基金です。ぜひ、沖縄の基地問題は沖縄県民の問題と思わず、辺野古基金のウェブサイトを覗いて、自分の住む都道府県にどのような賛同団体があり、お金や人を沖縄に流しているのかを確認していただきたいと思います。

■祖国復帰運動で反政府闘争基地を構築された沖縄

左翼の反米活動に思いのまま利用されている沖縄ですが、いったいいつから沖縄の政治、マスコミは左翼に乗っ取られたのでしょうか?

調べてみると、遅くとも沖縄県祖国復帰運動が反米闘争路線に切り替わった一九六〇年代後半には、今と同じように左翼の政治運動と一体化して県民を扇動していました。

やまと新聞号外

それがはっきりわかる資料が、手元にあります。一九七一（昭和四六）年一一月一五日の『やまと新聞』の号外です（上図参照）。

当時は、同年六月一七日に日米間で締結した沖縄返還協定批准の審議が行われる臨時国会が開催されていたのですが、米軍基地が残る復帰は受け入れられないと、「返還協定粉砕」というスローガンでゼネラル・ストライキや激しいデモが繰り返し行われ、沖縄の世論は反対一色でした。

そのため、「このままでは返還交渉を進めてきた自民党政府が協定を批准する大義そのものが失われ、沖縄が日本に復帰するチャンスは二度となくなってしまう」という危機感を持った沖縄の有志が、早期批准を訴えるために上京し、自民党の議員団に陳情活動を行い、主要駅で街宣活動を行い、それを号外で報じたものです。

この号外のタイトルは、「早期復帰は県民の願い、沖縄陳情団体、国会・街宣で真意訴う」というものです。また、「革命闘争へ世論操作」という見出しもあり、その解説として「住民は反対しているというウソ」という小さな見出しもあり、次のように解説しています。

沖縄の朝日といわれるほど反米的色彩の強い琉球新報社が行った世論調査でもたとえ

米軍基地はそのままでも施政権の返還を受けるべきだという意見に『賛成』が過半数の五一・九％（反対は一七％でした）。

つまり、当時の大多数の沖縄県民は、米軍基地が残るからという理由だけで、復帰が延びても良いとは思っていなかったわけです。しかし、沖縄県祖国復帰協議会やそれと連帯する反米組織がデモやストライキなど反対闘争を繰り返し、マスコミが批准反対をセンセーショナルに報道し、あたかも県民の総意であるかのように報道を続けてきたのです。そのため、政府も本当の沖縄の声が見えなくなったのです。

つまり、沖縄の政治、マスコミが沖縄県民を利用したプロパガンダを発するシステムは、左翼勢力の沖縄復帰闘争の一環として構築され、復帰後も四〇年以上にわたって日本政府を振り回し続け、現在も振り回し続けているということです。彼らの革命闘争の手法は、五〇年以上の歴史とノウハウがあり、米軍基地撤去のツールが沖縄県祖国復帰から琉球独立に入れ替わったことを除いては、全く同じ手法です。

今、私たちが行うことは、彼らの活動の先を読み、沖縄県民が基地反対や独立を望んでいるというプロパガンダを打ち消すために、小さくても良いので沖縄の本当の声を発し、政府に伝えること、そして東京を中心に全国で、その声を可能な限り増幅して発信することです。

国民保護の主体は自衛隊ではなく自治体

■Jアラートを活用しよう

二〇一七（平成二九）年八月一八日、北朝鮮がグアム島周辺に向けた弾道ミサイルの発射計画を検討しているとする中、政府は、上空をミサイルが通過することが懸念される中国・四国地方の全ての自治体を対象に、緊急情報の送受信訓練を行いました。

このJアラートは国民保護法（平成一六年六月に成立、同年九月施行）に基づき、住民に緊急情報を伝えるために政府が構築したシステムです。正式名称は、「全国瞬時警報システム」といいます。

これまで、国民への認知度は極めて低かったのですが、これをきっかけに多くの人に知られるようになってきたのは大きな前進といえます。スマホなどにアプリをインストールすることにより、警報を受信することができるので、ぜひ活用していただきたいものです。

実際は訓練と異なり、仕事中や通勤中、睡眠中など二四時間、いつ起きるかわかりませんし、その警報が鳴った直後の行動は、個人個人が普段からしっかりシミュレーションしておくしかありません。

■ほぼ全自治体で作成されている国民保護計画

前述したように、今回訓練が行われたJアラートの根拠となっているのは「国民保護法」という法律です。この法律を根拠にして、他国からの武力攻撃が発生した場合、警報伝達のみならず、各行政機関に国民を避難させるための計画の作成が義務付けられています。想定している武力攻撃事態の類型は、①ゲリラや特殊部隊による攻撃、②弾道ミサイルによる攻撃、③着上陸侵攻、④航空攻撃の四つです。前項のJアラート訓練は、この中の②についての訓練が実施されたわけです。この訓練を行った自治体だけではなく、既にほぼ一〇〇パーセントの政府機関、都道府県、市区町村で住民を避難させるための「国民保護計画」の作成が完了しています。

国と都道府県、市区町村はそれぞれ、警察などと連携して国民保護を行うのですが、大雑把にいうと役割分担は次のとおりです。最初に政府が警報の発令とともに避難対象地域とその避難先を決めて避難指示を発します。次に、都道府県が国の避難指示を受けて対象自治体に伝達するとともに、避難経路とその輸送手段を決めて指定公共機関と調整し手配を行います。都道府県から避難指示を受けた市町村は、その指示を実行できるように誘導計画を即座に作成し、誘導を行います。

■国民保護計画の主役は自衛隊ではない

有事の避難について、ほとんどの国民がしている大きな勘違いがあります。それは、「もし、国内で戦争が起きたら、自衛隊が自分たちを守ってくれる」「自衛隊に頼れば良い」という考えです。おそらく、災害の時と同じように自衛隊が救出に来てくれて、炊き出しをしてくれるというイメージを、ほとんどの方がお持ちではないかと思います。

実は、国内有事において、一般国民を避難させる責務は自衛隊ではなく自治体にあるのです。例えば、東日本大震災の時のように、災害が起きると被災者の救出や復旧作業に自衛隊が大活躍するため、自衛隊が主役のように勘違いしてしまいますが、災害時の避難においても武力攻撃事態においても、国民保護の責務は自治体にあるのです。どちらの場合でも、自衛隊は自治体からの要請にしたがって出動するのです。

ただし、災害時と武力攻撃事態では大きな違いがあります。それは、後者においては、自衛隊は敵の排除という全力を尽くさなければならない大きな任務が発生するということです。

それでも、「自衛隊の任務は国民を守ることだから、有事においても国民を守ることを優先し、避難や保護などの面倒を見るべきだ」という声が聞こえてきそうです。しかし、それは戦場においては非常識なのです。なぜなら、戦場において自衛隊は敵の攻撃の対象になるため、一緒にいる民間人まで巻き込まれてしまうからです。

戦場においては、民間人と自衛隊（軍隊）は切り離さなければならない、というのが常識なのです。また、国民の避難誘導、保護は代替がききますが、敵を排除する任務は自衛隊にしかできません。

有事の際に国民が保護を求めて自衛隊を頼ってきた場合、自衛隊がそれを拒否することはないと思います。しかしその場合、自衛隊は貴重な限られた戦力を国民保護に割かれてしまうのです。よって、国内が戦場になった場合、民間人は自衛隊に頼るのではなく、市町村の職員を頼り、その指示にしたがって避難しなければならないのです。

国民保護の特殊標章

誘導を担当する職員が付けることを義務付けられている腕章があります。それは、黄色い四角（または背景）に青の三角マークの特殊標章です（上図参照）。これは、ジュネーヴ条約における国際的な武力紛争犠牲者を保護するための、追加議定書で定められている標章です。わかりやすくいうと、これは文民《シビリアン》保護の赤十字マークのようなものです。このマークは文民保護の担当者、車両、避難所などに掲示することになっています。それは、軍隊にとっては攻撃してはならない識別マークであり、民間人にとっては、それを頼って避難するべき北極星のようなものです。

■本土決戦の経験に学ぶべき国民保護計画

これまで述べたように、国内が戦場になった際、市町村の職員が住民を避難誘導・保護します。銃撃や爆撃がある中で行われるかもしれないので、それはよく考えると命がけの職務です。採用試験を受ける時、自衛隊のように殉職をも覚悟して臨んだわけではないので、不合理のような気もします。でも、自治体の職員というものは、住民のために命をかける仕事であり、実際に過去にそのような事例があります。それは沖縄戦です。

米軍が上陸してきた沖縄戦において命がけで県民を避難させたのは日本軍ではなく県知事です。県知事の指揮のもと、県の職員や警察官たちが県民の避難、疎開推進の責務を担ったのです。軍隊と民間人を切り離さなければならないのは、今も昔も同じです。

当初、大本営は県民の一部を県外に疎開させ、残りは戦場になる南部を避けて、北部の山岳地帯に避難させる計画でした。しかし、移動手段が足りないため、南部に避難する人が多くなってしまい、さらに第三二軍の司令部が首里から南部に移動したため、多くの県民が戦禍に巻き込まれてしまったのです。

そのような厳しい環境の中で、一人でも多くの県民の命を守るためその職に殉じたのが、兵庫県出身の島田叡《あきら》知事と栃木県出身の荒井退造県警本部長です。二人は軍人ではありませんが、沖縄の島守《しまもり》として多くの県民から感謝されています。

■国民保護の指揮官は自衛隊ではなく、自治体の長

では、これから沖縄戦と同じようなことが、日本各地で起こる可能性はあるのでしょうか？その答えは「大いにある」と言わざるを得ません。なぜなら、現在の日本は専守防衛を謳っているからです。専守防衛とは、敵が攻撃してくるまではこちらから攻撃しない、さらに敵に国土を攻撃されてもこちらからは敵国の国土を攻撃しない、つまり日本国内を戦場として戦うという思想です。専守防衛とは聞こえはいいかもしれませんが、その実態は本土決戦主義です。つまり、沖縄戦のように国民の生活している場所を戦場として戦う防衛思想なのです。

既に、これでは国民の命を守れないということで、敵がミサイルを撃つ準備をしたら攻撃と見なし、敵の基地を攻撃するべきだという声もあがっていますが、実行可能になるには、法整

備も含め、いますぐ準備をしたとしても最低数年はかかります。それまでは、自衛隊は基本的に国民が住んでいる国内を戦場として戦うことしかできないのです。

しかし、自衛隊や軍隊の国民保護の任務は敵の排除であり、国民を避難させる責務は自治体が担っているのです。つまり、国土を戦場にする防衛思想を持っている日本では、戦争が起きた場合、敵を排除する自衛隊の指揮官と国民を避難させる自治体の指揮官の二人が存在し、役割分担をして国民の命を守ることになっているということです。

そうであるなら、沖縄戦で多くの民間人が亡くなったのは、国民保護（避難誘導・保護）の失敗であり、その責任は市町村長や県知事にあるわけです。つまり、左翼やマスコミがよく述べる「日本軍は県民を守らなかった」は嘘だということです。

例えば、慶良間《けらま》諸島では多くの自決者が出ましたが、それは小さな島で山岳地帯に逃げ込むしかなかった島民が、降伏することを拒んで自決してしまったわけです。降伏するべきだったかもしれませんが、本来なら米軍が慶良間諸島に上陸する前に島民を全員避難させなければならなかったのです。

慶良間の集団自決から私たちが反省しなければならないのは、日本軍に責任を押し付けるのでなく、「当時の県や慶良間諸島の自治体は、なぜ、もっと早く島民を避難させることができなかったのか」という点であるべきです。

■自主防衛意識の復活は、政治家の国民の命を守る気概を取り戻すことから

つまり、島嶼《とうしょ》から成り立っている沖縄県では、離島の避難こそ、県民の命を守る生命線であり、最も困難かつ高度な訓練を要するものなのです。米海軍の潜水艦に魚雷を射ち込まれて沈没した疎開船・対馬《つしま》丸のような悲惨な結果を避けるためには、制海権、制空権を失う前に避難させなければなりません。

沖縄戦の時と同じく想定されるのは、離島のどこかに上陸してくることであり、尖閣諸島の近くの島なら、なおさらその可能性は高いと思われます。

避難の成功の可否を握るのは、政府の避難指示を出すタイミングです。沖縄戦の慶良間諸島の失敗は、慶良間諸島への米軍の上陸はないという日本軍の誤った判断にあります。つまり、敵国の上陸先を正しく把握する自衛隊の正確な情報収集分析と、タイミングを誤ることなく避難指示を出す政府の正しい判断がなければ、離島からの避難の成功はありません。

さらに、小さな島では島内に避難場所を確保するのが困難なため、全島民を避難させるケースが多くなるはずです。

次に輸送手段を準備するのは県の役割です。準備できる航空機や船舶の数により往復回数が決まり、避難に要する日数が確定します。避難指示はその日数を計算した上で、制空権を失う

前に出さなければならないということになります。

ということは、専守防衛を謳っている日本では「国民保護計画」の訓練の成熟度によって、どれだけ国民の命が助かるかが決まるということです。そして、その避難の指揮官は自衛隊ではなく、都道府県知事だということです。

しかし、その自覚が今の県知事にあるかどうかは甚だ疑問です。ひょっとすると県知事ですら、戦争が起これば、「私は素人だからその道のプロである自衛隊に頼れば良い」と勘違いしている可能性があります。その証拠に積極的、主体的に国民保護訓練を実施する都道府県は極めて少なく、当事者意識が欠落していると言わざるを得ません。

このような自治体の意識を高めるために、ぜひ読者の皆様は、自らお住まいの自治体に、県主催の大規模な国民保護計画の実施訓練を行うよう、陳情書や請願書の提出をお願いしたいと思います。よく、「国民が政治に参加できるのは選挙の投票のときだけ」ということを聞きますが、それは間違いです。陳情と請願は国民の権利で、誰でも提出できます。

しかも、不思議なことですが、自ら住んでいる都道府県、市区町村のみでなく、全国どこの自治体にも提出可能なのです。日本の自主防衛意識の復活は、政治家の国民の命を守る気概を取り戻すことからです。

日中友好の名のもとに沖縄をチャイナに売り渡す

■陰りを見せる「オール沖縄」だが……

米軍普天間基地（宜野湾市）の名護市辺野古移設阻止を最大の公約とし、「オール沖縄」「イデオロギーよりアイデンティティ」「保革を乗り越えて」をスローガンとして、二〇一四（平成二六）年の沖縄県知事選で当選した翁長雄志氏は、就任以降、新聞、テレビで連日報道され、圧倒的な存在感を放っていました。マスコミを介した翁長知事の姿は、沖縄県民の期待を一身に担うヒーローであり、応援しない人は沖縄県民ではないと言わんばかりの勢いでした。

翁長雄志沖縄県知事

現在の新聞マスコミは、相変わらず翁長知事の反政府の姿勢を持ち上げていますが、実際の空気はというと、就任当時のような勢いは感じられません。その最大の理由は、辺野古移設阻止という民意の最重要根拠となってきた、名護市における二〇一八（平成三〇）年二月四日の市長選挙で、辺野古移設阻止の運動の先頭に立ってきた稲嶺進前市長が敗北したからです。

では、「オール沖縄」はそのまま勢いを失い、一一月の県知事選でも自民党擁立候補が当選して自民党が県政を奪還し、沖縄問題は収束していくのでしょうか。

残念ながら、手放しで喜べる状況にはありません。自民党の候補擁立が混迷しているのに加えて、沖縄経済も中国による乗っ取り工作が加速しているからです。政治工作については別の機会に譲り、今回は経済工作を中心に最新状況を報告させていただきます。

■沖縄国際物流ハブ構想

二〇一六（平成二八）年一二月二八日、東京都内のホテルで沖縄県と中国・福建省が「経済交流促進に係る覚書」（ＭＯＵ）を締結し、福建の自由貿易試験区での規制緩和や手続きの簡素化に向けた協議を進めることなど、六項目の取り組みを約束しました。締結式には、翁長知事や中国の高燕商務次官のほかに、日本国際貿易促進協会（国貿促）の会長・河野洋平元衆院議長も出席しました。沖縄県は、県産品や沖縄を中継した国産品の輸出拡大を図る絶好の機会と見ています。

さて、二〇一七（平成二九）年一月二三日に、公立学校の教員採用試験の口利き疑惑で辞任した安慶田《あげだ》光男前副知事の後任として就任したのが、沖縄国際大学元学長の経済学者で、県政策参与を務めていた富川盛武氏です。富川副知事は、参与時代からさまざまな沖縄経済の発展構想を県のウェブサイトで発信しており、その構想に期待を示す県民も少なくないようです。

実は、富川副知事が示しているプランは、沖縄県が福建省と締結した覚書と同じ路線にあります。それは「福建―台湾―沖縄トライアングル経済圏」構想です。沖縄県の経済特区、福建省の自由貿易試験区、台湾の経済特区のトライアングルをつないだ経済圏を構築するものです。それは、沖縄県産品のみならず、那覇空港をハブと位置づけて日本全国の特産品を福建省に送る「沖縄国際物流ハブ」構想です。

確かに、沖縄は「アジアの玄関口」として物流の中継点に好立地、という発想は正しいです。しかし、少し立ち止まって考えていただきたいと思います。経済的視点から、沖縄が「アジアの玄関口」であることは、軍事的に見れば「日本侵略の要所」「日本防衛の最前線」でもあるということです。現に、二〇一六（平成二八）年度の航空自衛隊のスクランブル発進は一一六八回（前年比二九五回増）と過去最高であり、そのうち、中国機に対する発進が八五一回（前年比二八〇回増）で、七割超を占めています。前年比から増加した分は、ほぼ中国機なのです。

そして、ここで忘れてはならない重要なことは、中国は尖閣諸島を福建省の一部と位置づけ、天気予報まで行っているということです。つまり、海と空から尖閣実効支配の既成事実を作ろうとしている中国が、尖閣諸島が属する地域とする福建省の経済圏に、沖縄県はあろうことか、自ら入り込もうとしているのです。

■中国に取り込まれていく沖縄

中国との経済交流を進める動きは行政だけではありません。二〇一七（平成二九）年二月三日、那覇市内のホテルで、「沖縄県日中友好協会」の設立を記念した祝賀会が開催され、中国の程永華駐日大使の講演会も行われました。駐日大使の講演が行われたということで、この組織は中国共産党、中国政府の肝いりと考えて間違いありません。

この祝賀会には、日中友好協会の丹羽宇一郎会長も参加し、乾杯の音頭をとっています。ですが、参加した政治家は自民党などの保守系がほとんどで、逆に翁長知事を応援する「オール沖縄」系は、ほとんどいませんでした。中国のあるメディアは、沖縄県日中友好協会が「沖縄県議会議員の提唱によって、官民共同で設立した一般社団」と報じていました。その県議会議員とは、特別参与に就任した県議会議員を指していると推測されますが、彼もやはり自民党所属議員です。

沖縄県と福建省の経済的な動きは、既に加速度的に進み始めています。県内企業の中国貿易を支援する琉球経済戦略研究会（琉経会：方徳輝会長）は二月二三日、中国国際貿易促進委員会の福建省委員会と貿易や投資促進を目指す覚書を交わしました。会長の方氏は貿易業のダイレクトチャイナ社長であり、中国現地の会社と連携して県産品を中国に送り込むビジネスを展開している中国人です。県と福建省が二〇一七（平成二九）年一二月から規制緩和や手続きの簡素化に取り組む中、企業間交流を加速させ、具体的な取引を始めさせる算段だと思われます。

三月には、新たに福建省進出が決まった企業のニュースも報じられました。

沖縄本島南部にある与那原町の合同会社「くに企画」が、七月から県産化粧品七商品を福建省のドラッグストアで販売することが決まったというのです。この実現には、県と中国政府の手厚い支援があります。中国では化粧品を輸入する会社は、政府の国家食品薬品監督管理局の許可を得ることが必要です。くに企画の商品を輸入するケースでは、「上海尚肌《しょうき》貿易有限公司」が許可を取得し、福建省内のドラッグストア十数店と契約を締結しました。

一方、沖縄県のほうでも、くに企画に政府系金融機関の「沖縄振興開発金融公庫」から一〇〇〇万円の融資が行われたとのことです。くに企画をネットで調べると、二〇一五（平成二七）年一〇月に設立された法人の存在は確認できますが、会社のウェブサイトすら存在しません。その実態は、くに企画によるビジネスというより、中国の会社が沖縄からの仕入れを計画し、くに企画にたまたま白羽の矢が立って、沖縄振興開発金融公庫が融資を行ったようにしか見えません。

日本では日中国交正常化以来、中国に進出した企業の多くは、人件費の高騰や政策変更などのリスクがつきまとい、撤退を始めています。しかし、現在の沖縄では、福建省に進出するといえば誰でも儲けさせてもらえるような、上げ膳据え膳のサポート態勢が整いつつあるのです。沖縄では二〇年以上後れて、中国と福建省の合作で人為的な中国進出ブームが起きようとしているわけです。

■沖縄を侵食していく中華企業

一方、観光客のみならず、さまざまな切り口で沖縄に中国人を呼び込むプロジェクトも進められています。

昨年三月、中国で高齢者福祉などを支援する中国老齢事業発展基金会（李宝庫理事長）が、中国への介護技術の普及に向けた「沖縄国際介護先端技術訓練センター」建設のために、本島南部の南城市にある約四三〇〇平方メートルの土地を買収したのです。沖縄をモデル地域に位置づけ、中国からの研修生が日本の介護技術を習得し、中国国内約三〇〇都市に設置予定の訓練センターで介護技術普及を図るということです。この案件を進めたのも、前述した河野洋平氏が会長を務める国貿促です。国貿促の担当者は沖縄を選んだ理由に、アジアの中心に位置し、国家戦略特区であることを挙げたといいます。

その訓練センターの事業体として、二〇一六（平成二八）年九月一三日、東京都赤坂のアジア開発キャピタル（網屋信介社長）と中国和禾《わか》投資（周嶸《しゅうえい》代表）が共同出資を行い、新会社「アジア和禾投資」を設立しました。新会社はアジアキャピタルの連結子会社となり、所在地もアジアキャピタルと同じビルとなっています。新会社への出資比率はアジアキャピタルが五五％と多いですが、社長は中国に多くの人脈を持つという理由で、中国和禾投資の周代表が就いています。数年後には、沖縄に中国人が社長を務める巨大な介護訓練センターが出現するのです。

もう一つ、気になるプロジェクトがあります。航空パイロットの育成を手がけるＦＳＯ（玉那覇尚也社長）が中国の海南航空学校と業務提携の覚え書きを締結し、今年から七〇人程度の訓練生を受け入れるというのです。ＦＳＯは沖縄県にフライトシミュレーターと実際のフライトを組み合わせた訓練場を、宮古諸島にある下地島空港の活用策として提案しており、県から空港利活用の候補事業者としても選定されています。しかし、中国人訓練生の中には人民解放軍の軍人が潜り込んでいる可能性もあり、これはかなり危険なビジネスです。有事の際、下地島空港で破壊活動や工作活動をされるリスクを招くのではないでしょうか。

沖縄は既に、多くの中国人観光客が訪れ、街も変貌してきましたが、これら二つの事業が本格化しただけで、沖縄のビジネス界も様変わりしてしまいます。沖縄は既に中国経済に呑み込まれるレールが敷かれているのです。

■日中友好という恐るべき深慮遠謀の罠

以上、中国による官民一体となった沖縄経済の取り込み工作の実態を確認してきました。このままいけば、沖縄では中国人観光客があふれるだけではなく、「社員が中国人」という会社が多くなり、また、「私の会社の社長は中国人」というケースも増えていくことになるでしょう。そのような中、今年の県知事選で辺野古移設阻止に失敗した翁長知事を自民党系候補が破り、県政奪還に成功しても、新知事も福建省との経済交流推進者にならざるを得ない「最悪のシナリオ」が起こる可能性は高いといえます。自民党にターゲットを定めたかのような沖縄県日中友好協会の設立は、そのための伏線ではないでしょうか。

また、中国は尖閣諸島で紛争が起きたとき、沖縄への観光客をストップさせたり、貿易停止、邦人のスパイ容疑での逮捕などの制裁を科すことでしょう。「中国依存度」の高い会社からは、政府や沖縄県に取引再開の交渉を求める声が当然上がってくることになります。会社が倒産したら、社員の明日の生計が立たなくなるからです。

琉球新報や沖縄タイムスには「政府は無人の尖閣諸島より県民の生活を守れ！」という趣旨の見出しが掲載されるでしょう。そこで、中国は紛争の解決策として、「尖閣諸島の共同管理」を提案してくることは間違いありません。その提案に乗る沖縄の経営者も、多く出てくるかもしれません。

最後に、日中友好とはどれぐらい恐ろしい深慮遠謀の罠なのか、その歴史的観点から確認しておきます。一九六四（昭和三九）年一月一六日、日本全土が世紀の祭典、東京オリンピックに熱中する中、中華人民共和国は初の核実験を行いました。目的は、今の北朝鮮と同じく、核保有国となり、米国と対等に交渉することです。

日中友好協会は、一〇月二七日に中国の核実験に対して声明を発表しました。その趣旨は、中国が核実験と同時に出した「中国が核実験を行うのは迫られて余儀ない措置であり、核兵器を全面的に禁止、破棄するためにあらゆる努力を払う」という声明を支持し、「我が協会は全力を上げて核兵器の全面禁止と徹底的廃棄をめざす国民運動を推し進める」と主張しています。事実、その運動は沖縄県祖国復帰運動とも連動し、在沖米軍の核兵器撤去運動も行っています。

その結果、一九七一（昭和四六）年一一月二四日に衆議院本会議で沖縄返還協定が批准されたのと同日に、非核三原則が決議されました。つまり、日本国民の核アレルギーとは、核兵器の開発を進める中国が国交のない日本に作り上げた、日中友好協会の工作の大成果だということです。この時に、日本は核保有の議論すら不可能な国となってしまったのです。

この罠にはまったことを自民党政治家は全く気がつかずに、数カ月後には日中国交正常化までしてしまったのです。今現在も、この罠に気がついている自民党政治家は少ないと思いますが、これと同じレベルの深慮遠謀の罠を、現在も仕掛けられているということです。

現代の戦争は武力戦だけではありません。平時においても戦争は行われています。それは外交戦、経済戦、歴史戦、国際法律戦など、ありとあらゆる形で行われているのです。武力戦が始まるときには、ほぼ勝負は決まっているといっても過言でありません。米中に挟まれ、東シナ海の真ん中にある沖縄は、その総力戦のまっただ中にあります。

ウーマン村本に読んでほしい沖縄の歴史

■村本大輔氏の問題発言

お笑いコンビ「ウーマンラッシュアワー」の村本大輔氏が二〇一八（平成三〇）年の元日、テレビ朝日系『朝まで生テレビ！』に出演し、「沖縄はもともと中国から盗《と》ったんでしょ」などと発言したことで、ネットで炎上し「不見識だ」と多くの批判を浴びました。

中国の「琉球独立工作」に関して警鐘を鳴らし続けてきた私に対し、「先頭に立って彼を批判してほしい」との声も出ましたが、私の感じ方は若干異なります。

単に沖縄を観光地としてしか見ていない若者と比べれば、沖縄の問題や歴史に関心を持つことは一〇〇倍素晴らしいことです。そして、村本氏が沖縄の歴史を誤って認識してしまった原因は、彼だけにあるわけではありません。私は、その責任は、現在の沖縄問題と沖縄の歴史に真正面から取り組んでこなかった日本国民全体、特に日本の政治家にこそあると思っています。

村本氏の問題発言のポイントは、明治政府が琉球国を廃して沖縄県を設置したとき、琉球を清《しん》国から奪ったのかどうかという点にあります。沖縄県設置前の幕末から明治にかけて、もし琉球が日本に属していたら、沖縄県の設置は国内の措置であり、清国から奪ったわけではありません。逆に、琉球が清国に属していたら奪ったということになります。ではその点について、日本政府の公式見解はどうなっているのでしょうか。

例えば、外務省ウェブサイトの「外交史料 Q＆A幕末期」には、黒船で来航したペリー提督が琉球と条約を結んだ琉米条約に関する回答に次のような一文があります。

当時の琉球は、薩摩藩島津氏の統治下に置かれていましたが、他方中国（清国）との朝貢関係も維持するという『両属』の体制にありました。

ここには、琉球が清国に属しているとも日本に属しているとも書いていませんが、薩摩と清国の両方に属していると書いています。この外務省の見解によると、当時の琉球は半分清国に属し、半分は薩摩藩に属していたことになります。

そうすると、清国に半分属していた琉球を完全に日本に属するようにした沖縄県設置について、「琉球を清国から奪った」という村本氏の回答は、一〇〇点満点中五〇点ということになります。しかし、「沖縄は中国に属したことはない」と批判する人の主張も、五〇点になってしまうのです。

「一六〇九年に薩摩が琉球を支配してから琉球は日支両属（日清両属）の地位にあった」という認識は、何も外務省だけの見解ではありません。日本史の教科書、沖縄の歴史の参考書、どれを見ても、この言葉を使っています。これは、いわゆる日本の「常識」なのです。つまり、日本の常識では、村本氏の発言は「半分、合っている」ということになるのです。

　この問題に衆議院で取り組んだ人物がいました。元衆議院議員の鈴木宗男氏です。

　鈴木氏は二〇〇六（平成一八）年一一月一日、衆議院に「琉球王国の地位に関する再質問主意書」を提出しました。

「政府は、一八六八年に元号が明治に改元された時点において、当時の琉球王国が日本国の不可分の一部を構成していたと認識しているか。明確な答弁を求める」という鈴木氏の質問に対して、政府は「沖縄については、いつから日本国の一部であるかということにつき確定的なことを述べるのは困難であるが、遅くとも明治初期の琉球藩の設置及びこれに続く沖縄県の設置の時には日本国の一部であったことは確かである」と回答したのです。この曖昧な見解が、当時の日本政府による沖縄の歴史観なのです。

　先ほどの外務省のウェブサイトには、琉球は日本と清国に両属していたと書かれていましたが、この答弁書では沖縄県が設置される前の沖縄は「清国に属していたのか、日本に属していたのか、日清両属だったのかもわからない」ということになります。この政府の公式見解によると、あまりにも曖昧で点数のつけようもありません。

この曖昧な日本政府の沖縄史観は、沖縄の日本からの分断強奪を狙って「琉球の帰属は未定で解決しておらず、日本が明治時代に沖縄県を設置して強奪した」と主張を始めた中国を利しています。

このことに危機感を抱いた私は、数年がかりでこの政府の認識を改めることに手を尽くしました。これを国家存続のかかった大問題だと受け止めることのできる政治家がほとんどいない中、参議院議員の山田宏議員が理解してくださり、国会で取り上げ、二度質問を行い、二度目の二〇一七（平成二九）年六月五日、安倍晋三首相から「沖縄については、寺島（正則）外務卿が沖縄は数百年前からわが国所属の一地方である旨述べていたことが確認されています。いずれにせよ、沖縄は長年にわたりわが国の領土であり、沖縄がわが国領土であることは、国際法上何ら疑いもないところであります」という答弁を引き出すことに成功しました。それまでの、鈴木氏の質問主意書に対する政府見解を修正させることができたのです。

山田氏に要請するとき、私は重要な資料を持参しました。それは一八七九（明治一二）年の外交文書です。実は、政府の曖昧な歴史認識を覆す資料が政府内部に存在していたのです。外務省のウェブサイトからダウンロードして入手した、カタカナ漢字交じり、もしくは漢語で書かれている文書の概要は次のようになります。

明治一二年四月四日、沖縄県設置後、その事実に気がついた清国は沖縄の廃藩置県を停止するよう求めた。続いて五月二〇日には「廃藩置県はいかなる理由によるものか」と抗議を寄せた。それに対し寺島外務卿は「内政の都合により処分した」と答え、八月二日に、琉球は嘉吉元（一四四一）年より島津氏に属し、日本は数百年琉球の統治権を行使してきたため今回の措置が当然であることを述べた。さらに、慶長一六（一六一一）年に薩摩の定めた琉球統治の法章一五条と尚寧《しょうねい》王及び三司官の誓文を含む「略説」を送致した。

すると、清国は八月二〇日、琉球が清国に属することを主張して廃藩置県に対する公式な抗議を行った。一〇月八日、新外務卿井上馨《かおる》は宍戸璣《たまき》駐清公使に、抗議に対する回答書を清国に提出するよう訓令した。

その回答書の要点は次の通り。

「清国が琉球の主権主張の根拠とする朝貢冊封《さくほう》は虚文空名に属するものだ」「日本が琉球を領有する根拠は、将軍足利義教がこれを島津忠国に与えたときより確定している」

朝貢冊封については、「自らを世界の王と称し、朝貢冊封を振り回して主権を主張するのは支那古来の慣法であり、日本の足利義満や豊臣秀吉への冊封、魏源《ぎげん》の著『聖武記』にはイタリアや英国も指すとある。このようなことをもって日本やイタリア、英国が中国皇帝に臣服するとすれば、その虚喝も甚だしく、今清国が沖縄に関与しようというのもこのような虚妄にすぎない」

現在の日本政府の「媚中外交」とは異なり、なんと論理的で痛烈な反論でしょうか。

■日本は沖縄を侵略したのか?

ところで「沖縄県民は日本人か?」と質問すると、九九・九九パーセントの日本国民が「日本人だ」と答えるでしょう。では、「沖縄はいつから日本になったのか?」と聞かれると「明治かなあ、江戸時代はどうだったっけ?」と、はっきり答えられる人は少ないのではないでしょうか?

ところが、「日本は沖縄を侵略したのか?」と聞くと、なぜか沖縄の米軍基地に反対している人は「侵略した」と大きな声で主張し、保守的な人は「侵略していない」と主張する人が多いのです。

私がここで指摘したいのは、「侵略していない」と回答する側についてです。「侵略していない」というのでしたら、沖縄は昔から日本であり、沖縄の人も昔から日本人でなければなりません。それ以外に、集団帰化したという可能性も考えられますが、そのような歴史はありません。結局、「日本は琉球を侵略していない」と認識する人の沖縄の歴史観は、次のようになるのではないでしょうか。

日本とは異なる「琉球国」という独立国は存在した。明治一二年に沖縄県になった。しかし、日本が侵略したわけでもなく琉球人が日本に集団帰化したわけでもなく、いつの間にか日本人になった。もしかしたら強制併合かもしれないが、今は同じ日本人だから、いまさら問題にすべきでない。

この考えは、曖昧思考の日本人にはかなりの確率で通用しますが、一歩国外に出ると全く通用しません。ある独立国がある瞬間から日本の一地方になったが、侵略も強制併合もしていない。こんな歴史は、いくら説明しても嘘としか思われないのです。日本が琉球を侵略していないというなら、沖縄は最低でも江戸時代には日本に帰属していなければならないのです。

しかし、私が指摘するまで、鈴木氏への答弁書の危険性をどの政治家も全く気がつかなかったのです。これが、私が冒頭で指摘した、「村本氏が沖縄の歴史を誤って認識してしまった」理由です。幸い現在は、山田議員が安倍首相から引き出した答弁により、国家的リスクを回避できました。そして、村本氏の発言は○点になってしまったのです。

以上、村本氏の発言のポイントである、沖縄県設置の位置づけを確認するため、沖縄県設置前の沖縄の地位について確認してきました。一八七九（明治一二）年の外交文書にあるように、江戸時代の沖縄は薩摩の統治が隅々にまで及び、江戸幕府の幕藩体制下にありました。しかし、幕府と薩摩藩の外交貿易戦略として、琉球を明や清との貿易拠点として活用するため、独立国の体裁をあえて保っていたのです。朝貢や冊封はそれを行うための外交儀礼にすぎませんでした。明国もそれを知っていて黙認していたことも、明らかになっています。

でも、それは日本が力で統治しているだけで、当の琉球の人たちは、本当は日本人でなかったかもしれないと思う方がいるかもしれません。しかし、実は沖縄の人たちが「日本人の中の日本人」であることを雄弁に物語る沖縄の歴史があります。それは、敗戦後の沖縄県「祖国復帰」の歴史です。

サンフランシスコ講和条約で日本の放棄した領土には、朝鮮半島、台湾、奄美、沖縄、小笠原諸島がありました。その中で、祖国復帰運動が起きたのは奄美と沖縄だけです。もし、奄美や沖縄の人たちが日本人でないのなら、日本から独立するチャンスとして、復帰運動ではなく

「独立運動」が起きたはずです。

　その沖縄県祖国復帰運動の最初から最後までリーダー的存在だった人物に、屋良朝苗《やらちょうびょう》氏がいます。屋良氏は戦前、台湾の台北で師範学校の教師をしていました。戦後は米軍統治下の沖縄で、群島政府の文教部長を務めていました。日本政府でいう文部科学大臣です。しかし、戦争でほとんどの校舎が焼け、米軍による復興支援も不十分なため、教育に困難を感じるようになりました。

　そこで、サンフランシスコ講和条約が公布された翌年、戦災校舎復興支援を求めて全国行脚を始めたのです。その時に衆議院文部委員会に参考人として招致された屋良氏は、戦災校舎の復興支援を訴えるはずの場で、沖縄県の祖国復帰を求めたのです。

　その心は、「沖縄の子供たちに日本人としての教育を施したい。日本人としての教育をするからこそ、子供たちはすくすくとまっすぐ育つのだ。それをかなえるには沖縄が祖国日本に復帰するしかない」というもので、日本人が日本人としてあり続けるために、何が必要かを私たちに教えてくれる演説です。

　これだけの名演説が今まで埋もれていたのは、もったいなくもあり不思議でもあります。本書では巻末資料として、抜粋を掲載しました。おそらく、書店に並ぶ本に活字として掲載されるのは初めてだと思います。ぜひともこの名演説を味わい、沖縄県祖国復帰の歴史の意義を感じ取っていただきたいと思います。

せっかく沖縄問題に関心を持ってくれた村本氏にもぜひこの演説文をご一読いただき、屋良氏の祖国復帰への魂からの演説と、身命を賭《と》したその後の祖国復帰運動を、どこかで「ネタ」に使っていただければ幸甚です。

二章　真実の沖縄史

江戸幕府の国防最前線だった沖縄

■学校で教えている江戸時代の琉球は中国発の歴史観

「琉球王国四五〇年」という言葉がよく使われます。首里城公園のウェブサイトには、「琉球王国は、一四二九年から一八七九年までの四五〇年間にわたり存在した王制の国です」と書かれています。その四五〇年のうち、一六〇九年以降の二七〇年は薩摩の支配下にあったのですが、本章では、その時代の琉球について検証していきます。

私たちは学校教育やメディアから江戸時代の琉球をどのように習ってきたのでしょうか？江戸時代は鎖国令が敷かれ、日本は外国との交易を禁止された鎖国状態にあったと習いました。しかし、特別に四つの港だけは例外として外国に開かれており、以下の国と貿易を行っていたと習います。すなわち、松前口はアイヌ、対馬口は朝鮮、出島口はオランダ、薩摩口は琉球と。

しかし、この教え方だと江戸時代の沖縄は日本ではなく、朝鮮やオランダと並ぶ外国だったということになります。これは完全に間違った認識であり、危険な歴史観です。なぜなら、今の沖縄県民は外国人の子孫だということになるからです。

実際は、薩摩の方では薩摩口と言わずに琉球口と言っていたようです。おそらく、薩摩では琉球は藩の領土であり、そこを明や清との貿易窓口として管理していたという意識があったのではないでしょうか。

この歴史観は、琉球が朝貢貿易を行っていたために琉球は華夷秩序に組み込まれていた、つまり明や清の属国だったという結論を生んでしまいます。ひいては、明治政府が武力で琉球を侵略したという歴史観、つまり日本は侵略国家だという歴史観につながります。これは遅かれ早かれ日本民族を分断し、滅ぼしてしまう亡国の歴史観です。民族とは、歴史を共有するからこそ一つになれるのであり、分断された歴史を持つ民族は、いずれ分断していく運命をたどることになるからです。

日清両属という言葉も沖縄の歴史では頻繁に使われますが、この言葉も間違った認識であり、この言葉からは、あたかも琉球が半分は明や清の属国でもあったかのような思い込みを生んでしまいます。

結論を言うと、琉球が明や清の属国であったことは一度もありません。琉球人は、中国語を母国語として話したこともありませんし、中国に税金を納めていたこともありません。琉球に中国の役所があったこともありません。清の時代に、漢民族のように弁髪を強制されたこともありません。明や清は、単なる貿易相手国にすぎなかったのです。

この亡国の歴史観が現代日本で、教育やメディアにより常識として教えられ、まかり通ってしまっています。そして、日本国民全員が戦後、このような歴史観で沖縄の歴史を習い、それが今も、現在進行形で続いているのです。

■中国サイトに掲載された華夷秩序の琉球の歴史

これらの歴史観が中国発であることは、中国のネットニュースサイト「中国網日本語版」に掲載された沖縄の年表で確認ができます。

この年表は、一三七二年に琉球の中山王・察度《さっと》が明に朝貢を始めたところから始まります。それ以前の琉球は、北山、中山、南山の三山に分かれていた、ぐらいにしか記載がなく、あたかも存在していなかったかのような扱いです。

中山王が朝貢を始めた年から琉球は歴史に登場し、明王朝の藩属国となったというわけです。この時代を「明王朝藩属国時代」と彼らは呼んでいます。その後、朝貢先が明から清に変わると、「清王朝藩属国時代」となります。

一八五四年、ペリーは日本と条約を締結したあと、急ぎ琉球へと戻り、琉球国政府と中国語、英語の二言語で正式に条約を締結しました。条約締結を行えるような独立国であった琉球王国は、明治政府の琉球処分により滅亡し、沖縄県が設置されたことで、年表では「清王朝藩属国時代」の終了となります。琉球処分については後述します。

明治維新後の琉球の歴史を、彼らは「後琉球王国時代」としています。これは「琉球王国は本来は中華民族の一員だけれど、現在は日本帝国主義に支配されている」という歴史観なのです。ちなみに、沖縄戦については次の通りに記載されています。

一九四五年第二次世界大戦の後期、米国が琉球本島に侵攻し、日本兵は琉球人に崖から投身自殺するように迫り、あるいは、洞窟の中で食糧不足になる不安を減らすため、おとなしく撲殺されるよう迫った。また、琉球語を使用する者をスパイ嫌疑で殺害。戦争で琉球の人口は四分の一に減少する。

そして、中国の別のサイトでは、「日本軍は沖縄戦で米軍に負けるとわかると琉球人に玉砕令を発し、二七万人の大虐殺をした。それは南京大虐殺に次ぐ悲惨なものだった」と日本軍琉球大虐殺事件を捏造《ねつぞう》し始めています。規模は全く違いますが、沖縄県内で教科書やマスコミが集団自決の軍命があったことを教科書に書かせることに異常にこだわっていることと、軌を一にしています。同じ日本人として共に米国と戦ったにもかかわらず、加害者と被害者に分断されることは非常に危険なことです。しかし、誰もこの流れを止めようとはしていません。

江戸時代の朝鮮と琉球を横並びに書く教え方の延長線には、朝鮮も中国も琉球も、同じ日本の被害者だという歴史プロパガンダがあります。私が何度も何度も沖縄の真実の歴史を発信している理由は、この状況に警鐘を鳴らすためです。沖縄の真実の歴史は、勉強をすればいくらでも証拠は出てきます。

■琉球王を源氏の子孫とする琉球国の正史

以上のような中国発の歴史観が、教育やメディアにより繰り返し教えられますので、私たちは昔、琉球王国には琉球民族という日本人ではない民族が住んでいて、独立国として中継貿易で繁栄していたのだろうと、うっすらと思い込まされています。しかし実際には、どうだったのでしょうか?

実は琉球王国の正史である『中山世鑑《ちゅうざんせいかん》』には、「源為朝《ためとも》の子孫が琉球王家の始祖・舜天《しゅんてん》」と記載されています。源為朝は鎌倉幕府を開いた源頼朝、その弟の義経の叔父にあたり、保元の乱で敗戦し、伊豆に島流しに遭い、自決したとなっています。その為朝が実は伊豆から琉球に渡って琉球王国の祖となったというわけです。沖縄には源為朝ゆかりの地が各地に点在しています。為朝が運を天に任せて伊豆からたどり着いた港は、運天港《うんてんこう》と名付けられています。

『中山世鑑』は、薩摩支配の時代に羽地朝秀《はねじちょうしゅう》が編纂しています。では、為朝伝説は薩摩に媚びを売るための作り話かというと、そうではありません。『中山世鑑』が編纂される前に、袋中《たいちゅう》上人という福島（陸奥国）出身の浄土宗の僧侶が、『琉球神道記』に為朝伝説を記しているのです。

袋中上人は新しい仏法を求めて明に渡ることを企図し、一六〇三年に琉球に上陸。那覇港に勤める信徒から「琉球国は神国であるのにいまだその伝記がない。ぜひともこれを書いてほしい」と懇願され、同書を記したのが一六〇五年です。それは一六〇九年の薩摩の琉球遠征前ですので、薩摩に支配される前から、沖縄では為朝伝説が伝承として伝わっていたということです。

この『琉球神道記』に、源為朝が舜天の父親であると記述されています。羽地朝秀は『中山世鑑』の編纂時に、かなりの部分をこの琉球神道記を参考にしたと思われます。結果としては、沖縄では源為朝が琉球王国の始祖であることは正史であり、これからも伝えていくべき歴史なのです。

源為朝が琉球を建国したという話は、沖縄にだけ残っているわけではありません。京都・建仁寺の文献にも「源為朝が琉球に渡り建国の主となる」との記述があるそうです。為朝の建国伝説が、当時の都にも伝わっていたことを物語っています。

そのうえ、江戸時代に書かれた滝沢馬琴《ばきん》の『椿説弓張月《ちんせつゆみはりづき》』は、源為朝がモデルとなっています。戦後は、三島由紀夫の脚本によって『椿説弓張月』の歌舞伎も上演されていました。

袋中上人は、エイサーを伝えたことでも有名です。エイサーとは、お盆の時期に多く観られる芸能であり、この時期に現世に戻ってくる祖先の霊を送迎するための宗教行事です。沖縄のエイサーは中国から伝来してきたとの誤ったイメージがありますが、実際は、袋中上人が伝えた念仏踊りがその起源です。念仏踊りは各地の盆踊りの起源になっています。つまり、エイサーは日本の文化そのものなのです。

『琉球神道記』に登場する非常に興味深い話に、「天照大神ノ事」があります。一四五〇年の尚金福王《しょうきんぷく》のとき、当時の那覇は離れ出島であり、冊封使一行が首里城への往復に不便な思いをしていたので、時の摂政・懐機《かいき》が天照大神に橋を掛けたいと祈願しました。すると奇跡が起き、一七日間だけ海底が見えるほど潮が引きました。その間に海底に石を敷き、小島を平らにならして海中道路を作ることができたというのです。懐機は、天照大神の分霊を移し神社を創建しました。当時の琉球でも、祈願の相手である当時の最高神は天照大神であったというわけです。

この道路は、葛飾北斎の浮世絵「琉球八景」にも描かれています。

江戸時代に為朝の琉球建国の話が滝沢馬琴により演劇となったり、葛飾北斎が浮世絵で琉球を描くなど、実は当時の江戸では琉球ブームが起きていたようです。琉球の演劇が行われ、琉球の絵が描かれたのは、演劇を観に来る人がいたためですし、絵が売れたからに他なりません。

■江戸時代に起きた琉球ブームを作った江戸上り

江戸時代に起きた琉球ブームを作ったのは、「江戸上《のぼ》り」でした。江戸上りとは、江戸幕府への琉球国中山王府の朝貢使節のことで、幕府の将軍交代時には慶賀使が、琉球国王交代時には謝恩使が派遣されました。琉球から薩摩を経由し、下関、大阪、京都を経て東海道で江戸へと、帰りも含めてほぼ一年がかりの行程だったようです。

琉球の一団は服装が唐風ということもあり、異国情緒にあふれ、そのため庶民の人気を集めたようです。今でいうガイド本のようなものも出版されました。服装も含め、道中で異国情緒を醸し出すことは、薩摩の指示でした。「異国を支配する薩摩藩」と、自藩の実力を誇示する意図があったようです。私たちは、このときの「琉球は外国（実際は琉球を外国のように装わせた）」という薩摩のプロパガンダの影響を、今も受けているのです。

琉球には当時、「踊奉行《おどり》」という役職がありました。大陸から冊封使を迎えるための歓迎式典に、芸は欠かせないものだったのです。国の根幹事業といってもいいほど力を入れていました。

「組踊《くみおどり》」という琉球の伝統芸能があります。国宝級の芸能で、琉球独特だと思われています。ところが組踊は、踊奉行だった玉城朝薫《たまぐすくちょうくん》が、江戸上りで数カ月滞在した江戸で歌舞伎や能を観覧して取り入れ、琉球風にアレンジしたものです。

■実は大陸文化の影響を受けていない沖縄

ここで、一つ意外なことを申し上げたいと思います。それは、沖縄は日本で最も大陸文化の影響を受けていない地域だということです。琉球国時代に明や清と冊封朝貢関係にあったので、日本本土より大陸の影響を受けていると多くの人が思い込んでいるのですが、実は逆なのです。

琉球が大陸に朝貢をしたのは、先述の通り、中山王・察度が一三七二年に明に朝貢したのが初めてです。一方、日本の中央では、その七七二年前の推古天皇の時代、西暦六〇〇年に隋に技術や制度を学ぶために朝貢使を派遣していたのです。それ以来律令制度や仏教など大陸文化を取り入れ、日本各地に律令国ができました。その律令国の最南端が種子島、屋久島で、それ以南の奄美や琉球は律令制度を取り入れず、大陸文化の影響をあまり受けることがなかったのです。そのため奄美以南の南西諸島は、明に朝貢するまでの長い間、日本古来の文化がそのまま残っていたと考えられます。

特に日本中央と異なり、近代に至るまで残り続けたのが、女性神官制度です。各地に祭祀や祈願行事を行う祝女《のろ》と呼ばれる女性神官が存在し、琉球全土の祝女の頂点に立つ女性神官を聞得大君《きこえおおぎみ》と称していました。初代の聞得大君は尚真王《しょうしん》（在位一四七七年〜一五二七年）の妹が就任し、最後は一九四四年、最後の琉球、尚泰王《しょうたい》の長女、今帰仁《なきじん》延子（在位一八八七年〜一九四四年）が一八代聞得大君に就任し、戦後になって廃職されました。これは、祭政一致の日本神道が、化石のように敗戦直前まで続いていたと見てよいのではないかと思います。

この影響を現在最も受けていると思われるのが、沖縄の音楽です。女性神官の祈りの声の抑揚や発声が民謡として伝わり、それが現在の沖縄ポップスにも受け継がれているのでしょうか。

また現在でも、沖縄の結婚式の余興やカチャーシーなどがその文化を引き継いでおり、喜納《きな》昌吉《しょうきち》やBEGINなどによる沖縄民謡をポップス化した楽曲が全国を席巻しているのは、決して異国情緒だから流行《はや》っているのではなく、日本人の魂の郷愁を感じさせる何かがあるからではないかと思うのです。よって、琉球文化は日本と切り離された独自の文化ではなく、南の島に花咲いた日本文化といえるのです。

このように、沖縄の中にこそ、日本民族の魂の原点が残っていると、私は確信しています。

■幕藩体制下にあった琉球

琉球王国が明や清に朝貢し、冊封されていたことが属国だったとされる理由になっていますが、明も清も琉球国内に琉球を統治するための出先機関は持っていませんでした。

一方の薩摩は、琉球に出先機関である常駐の在番奉行所を持ち、実効支配をしておりました。現在の那覇市西の在番奉行所跡地に、石碑が設置されています。この在番奉行所は、のちの沖縄県庁となっていることから、沖縄県政の中心役所であったことが窺えます。

薩摩にも、琉球の出先機関である琉球館が存在しました。現在、東京に中央省庁の情報収集や陳情のために各都道府県の事務所が設けられていますが、薩摩の琉球館もそのような役割をしていたと思われます。

公平のために書きますが、中国の福州にも琉球館は存在しました。福州琉球館は貿易の実務や情報収集などで使われていました。

江戸幕府は鎖国をしていたため、明や清と貿易をしていた琉球は幕藩体制の外にあったという思い違いがあります。そうなると薩摩は、琉球を使って密貿易をしていたかのようです。

実際には、江戸幕府の鎖国とは禁教令のことで、カトリック国のポルトガル、スペインからの入国や滞在を禁止していたのであり、イギリスや明を締め出そうと意図したわけではありませんでした。

豊臣秀吉は、九州征伐の際に日本人が奴隷として売られている事態をつかみました。それがきっかけで秀吉は伴天連《バテレン》追放令を出し、段階を踏んで厳しく取り締まるようになっていきました。カトリック国には、キリスト教を手段として日本侵略の意図があると判明したためです。

その後、時代は江戸になり、三代将軍・徳川家光の時代に、最終段階としてポルトガル、スペインとの交易は全面禁止となったのです。

江戸幕府は、キリスト教の宣教師や日本人信者を国外追放にしました。追放者が向かった先は、スペインではなく、アジア伝道の拠点、フィリピンのマニラです。キリシタン大名であった高山右近もマニラに追放されましたが、もともとマニラには日本人がたくさん住んでいました。

教会側は、現代中国共産党が行っているように、マニラ在住の日本人を伝道し、日本へ送り込むことで、日本への布教を進めようと画策しました。いわばキリスト教の工作員を養成しようとしたわけです。幕府はその意図を読み、外国に長期滞在した日本人の再入国を拒むようになりました。

フィリピンは当時、スペインの植民地でした。スペインが日本国を植民地にするために、カトリックが利用されたのです。一八三六年には日本宣教に向けてマニラを出発し、琉球に上陸したドミニコ会の宣教師四名が逮捕され、長崎に護送の上、処刑されたという痛ましい事件もありました。宣教師の中には日本人もいました。

学校では、秀吉や江戸幕府によるキリシタン弾圧が大きくクローズアップされ、禁教令に対して反乱を起こした天草四郎や殉教者たちが英雄視されている、キリスト教史観が教えられます。しかし、当時のキリスト教国の植民地主義に基づく凶暴性や危険性に触れない限り、禁教令の必然性が、ぼかされてしまいます。

当時のカトリック教徒は、神社仏閣を焼き討ちしたり、異教徒を壊滅させることが天命だと思っていたようです。キリシタン大名は、異教徒の日本人を同胞であるにもかかわらず、武器弾薬と引き換えに外国に奴隷として売っていたことも明らかになっています。

私たちが学校で「鎖国」と習ってきた禁教令は、実は江戸時代の国防政策だったのです。

■八重山まで届いていた江戸幕府の禁教令

幕府はむしろ明と貿易をしたかったのですが、秀吉の朝鮮出兵で明との仲が悪化したため、貿易は困難でした。そのため、既に明と交易をしていた琉球を経由した貿易を企図したのです。

では、当時明と交易をしていた琉球には禁教令が及んでいなかったのでしょうか？　そんなことはありませんでした。幕藩体制下にある琉球でも、厳しく取り締まりが行われていました。

その事実が如実に理解できる事件が、「八重山キリシタン事件」です。

一六二四年、宣教師ファン・デ・ロス・アンヘレス・ルエダ神父が、スペイン船で来航しました。石垣島の有力者で宮良《みやら》の頭職を務めて引退していた石垣永将《えいしょう》は、キリスト教の教えを受け入れ、一門に広めました。このため、永将は首謀者として焚刑《ふんけい》に処せられ、財産は没収。子孫は島流しに遭っています。ルエダ神父は琉球王国に連行されたのち、粟国島《あぐにじま》へ流刑となり、そこで処刑されました。その後、永将の弟の永弘と永定も処刑されました。

八重山でのキリシタン弾圧事件からは、江戸時代の禁教令が八重山地方、つまり、日本の最西端である与那国島まで届き、しっかり統治されていたことが理解できます。八重山は、キリスト教から国を守るための最前線であったのです。

現代においては中国共産党が、共産主義イデオロギーという名の一種の宗教により、日本侵略の工作を行っています。江戸幕府がそうしたように、日本政府は共産主義の侵略性、凶暴性を十分に考慮した国防政策を採らなくてはなりません。江戸時代と同じく現代日本も、尖閣を含めた八重山が、やはり国防の最前線なのです。

■江戸幕府の海防政策「先島諸島火番盛」

先ほど、禁教令は江戸幕府の国防政策であったと明言しましたが、江戸幕府の海防政策を知ることができる遺跡が残されています。「先島諸島火番盛《さきしましょとうひばんむい》」と呼ばれるものです。

一七世紀半ばに江戸幕府の命により八重山の島々全域に「遠見台」が作られました。先島諸島（宮古八重山諸島）は国境にある島々なので、外国船や大陸への進貢船などが行き交います。各島でその通行を監視し、各島の遠見台に設置された烽火《のろし》リレーで、石垣島にある蔵元という役所に通報する仕組みが構築されていました。石垣島の蔵元に情報が到達すると、首里王府へは飛船《とびふね》で伝えられました。難破船の救護にも利用されたようです。

遠見台には遠見番人が配置され、交代で見張りが行われ、不審船が発見された場合、烽火リレーにより速やかに通報がされました。例えば、日本の有人島の最南端・波照間《はてるま》島付近を不審船が航行していることを遠見番人が発見すると、まず波照間島の遠見台で烽火をあげます。その煙を見た隣の西表《いりおもて》島で烽火→西表島の数カ所で烽火→その煙を見た隣の小浜《こはま》島で烽火→竹富《たけとみ》島→石垣島登野城《とのしろ》の蔵元→飛船で琉球王府へと、こんな具合に烽火リレーにより情報伝達が行われたわけです。

遠見台は一七世紀半ばより以前にもいくつかあったようですが、江戸幕府の命により、この時期に八重山全域に整備したのは、西洋列強のアジア進出という世界情勢の大きな変化という理由がありました。スペインがフィリピンのマニラを占拠し、琉球へも軍事的進出を図ろうとしていた時期です。スペインがキリスト教を尖兵として送り込もうと画策していたことは、前述の通りです。

八重山キリシタン事件以来、琉球での禁教令はさらに厳しくなりました。しかし、そんな中でも八重山近海には、スペイン船が頻繁に出没していました。そのような緊迫した情勢の中で、遠見台が全域に整備されたのです。

実はこの時代、西洋列強だけが海防政策の相手国ではありませんでした。大陸ではちょうど明が滅亡し、清が大陸の支配国となりつつありました。そのため、明国の生き残り、今でいう難民が先島諸島に流れ着く恐れもありました。旧・明の皇族たちも、各地で亡命政権を樹立しました。清への抵抗運動を続けていた鄭成功《ていせいこう》率いる軍が台湾へ逃れ、亡命政権を立てたことも、台湾に近い先島諸島が国防を強化した理由の一つでした。

遠見台は今でも一八カ所が国の史跡に指定され、保存されています。繰り返しますが、江戸時代も現代と同じように、沖縄が国防の最前線だったのです。

■明清動乱期に苦悩した琉球の外交政策

学校教育では、大陸の支配国が明国から清国へ変わっていく動乱期は、日本とは何ら関係ないとして、深く触れられません。しかし琉球にとっては、長年朝貢していた明が滅亡し、各地で亡命政権ができ、清が勃興してくる。どの政権へ朝貢したらいいのか、非常に難しい舵取りを迫られた時代でした。

明の崇禎帝《すうていてい》が自ら命を絶ち明が滅亡すると、前述の通り、清の勃興に対して抵抗した明の皇族たちが、各地で亡命政権を樹立します。琉球は、短命で終わった亡命政権の弘光帝《こうこうてい》（一六四五年）、隆武帝《りゅうぶてい》（一六四六年）にそれぞれ慶賀使を送っています。その一七年後の一六六三年には、清より冊封を受け、「琉球国王之印」を授与されました。

一六七三年に起きた、清を滅亡させ明を復興させる「滅清復明」をスローガンにした「三藩の乱」を、琉球は支援し、硫黄を提供しています。反乱は一六八一年に鎮圧され、一六八三年、琉球は清からの冊封を受けています。琉球の本音は、明が清を制圧し継続してほしかったようで、揺れ動く琉球の外交政策がその行動に現れているようです。

明の亡命政権である隆武帝の唐王政権からは、再三にわたり幕府へ救援要請が届いていたようです。しかし、幕府は断り続けました。その後、唐王政権が清に滅ぼされたという報告が入ると、清と、かつての日本を来襲したモンゴル政権が重なり、日本は清が攻めてくることを恐れました。そのため、八重山の遠見台を充実させるなどして異国船への警戒を強化しました。

後述する五代秀堯《ひでたか》の『琉球秘策』には、明清動乱期の対応記録が残っています。そこには、清に備えて「兵卒を率いて八重山島に行き、外敵からの防衛に備えた」とあります。そして、もし清国が古来より薩摩に属している琉球の衣冠を替える、つまり、清の満洲人と同様に弁髪に改めよと要求してきたら、「一人藩のみならず、日本の恥となることと同じ。藩主に申し上げ、幕府に願い、琉球に軍を立て、これに備えることが妥当である」と、藩主から幕府へ要望をしました。

このとき、幕府は、「琉球に清国王の命を聞かせる方が良いだろう。もし清国王の命を断れば、国難が起きる。あえて禍《わざわい》を招くことはするな」と事なかれ主義のような回答をしています。幸い清国から弁髪にせよとの命は下ることはありませんでしたが。

この事なかれ主義は前述の通り、現代日本政府の尖閣への対応と似通っています。「中国を刺激するな」の中国を清に置き換えると、この時代も現代も変わらぬ政府の無作為には、辟易《へきえき》させられる思いです。

■江戸時代の琉球発・食文化

ところで、沖縄料理でよく使われているのが昆布です。昆布の消費量は長年、沖縄が一位でした。しかし最近、地元の沖縄料理ばなれが進んだからか、昆布消費量のランキングは一位から陥落してしまっています。

面白いことに、昆布消費量ランキングが一位から転げ落ちると同時に、長年一位だった沖縄男子の平均寿命の順位も、転げ落ちてしまいました。昆布消費量と男子の平均寿命は、見事な相関性を見せているのです。

この話を聞くと、「沖縄は周りが海で囲まれているので、昆布をよく食べるのだろう」と思ってしまうのですが、実は沖縄では、もずくは採れても昆布は採れません。昆布の産地は三陸海岸より北の地方、しかもそのほとんどが北海道産なのです。

ちなみに現在、日本で沖縄から昆布消費量ランキング一位を奪い取った都道府県は、富山県です。北の海でしか採れない昆布が、日本の最南端の沖縄や北陸の富山でこれほど消費されている秘密を解き明かす鍵は、「昆布ロード」と呼ばれる昆布の流通経路にあります。

江戸時代中期、財政危機にあった薩摩藩は、琉球貿易による藩政立て直しを画策していました。そして、琉球を介しての清との貿易で莫大な利益を上げていました。当時たいへん貴重品であった漢方の材料を輸入し、それを富山の薬売りに販売し、富山商人により全国各地へ運ばれたのです。その清への輸出品として最も求められたのが、昆布でした。

当時から、蝦夷地《えぞち》で採れた昆布を運ぶルートとして、西回り航路を通って越前、大坂、薩摩、琉球という壮大な「昆布ロード」が成立していました。そこから昆布は、琉球から清へと輸出をされていったのです。つまり、江戸時代の発達した物流システムによって、琉球でも昆布を食べることができたのです。

当時の琉球では、昆布はまだ貴族階級だけのものでしたが、宮廷料理という形で食卓にのぼり、それが現在の沖縄の昆布食文化の基礎を作ったのは間違いないでしょう。江戸時代も琉球は、日本とのつながりが非常に深かったことが、「昆布ロード」からも窺い知ることができます。

また薩摩芋は南米が原産ですが、南米からフィリピン、明へ伝わりました。琉球の野国総管《のぐにそうかん》という人物が明の福州から蕃薯《ばんしょ》の苗を持ち帰り、野国村で試作したのが日本で最初の栽培でした。蕃薯は悪天候に左右されず、土地によく根付いたことから村の農民に広められ、これによって餓死など凶作による村人の災難は防がれました。

蕃薯を琉球各地に広めた人物が、袋中上人に琉球国史を書くようお願いをした琉球の役人・儀間真常《ぎましんじょう》です。儀間真常は、砂糖キビ栽培や琉球絣《かすり》の基礎を作るなど、琉球の産業育成に多大な貢献をした人物です。蕃薯はその後、薩摩に伝わり、薩摩から西日本へ、そして幕命を受けた青木昆陽によって東日本へと広がっていきました。

薩摩経由で全国に広がったために、薩摩芋という名称が普通名詞となりました。地方によっては唐芋《カライモ》、琉球薯《リュウキュウイモ》などと呼ばれているようですが、薩摩芋の国産初栽培が琉球だったことを思えば、「リュウキュウイモ」という名前で普及してくれたらよかったのに、とも思います。

■戦国時代の薩摩琉球関係の変遷

私たちは「琉球王国」という名称から、琉球は独立国家だったというイメージを持ってしまいます。これは大きな間違いで、当時の琉球の正式名称は「琉球国」です。それを現在では琉球王国と呼ぶようになったにすぎません。

国というと、現在の物の見方では近代国家のイメージを持ちますが、戦国時代は日本各地の大名所領地を国と呼んでいました。例えば薩摩国、摂津国、甲斐国、播磨国、尾張国、三河国など。琉球国も各国と同列であり、琉球国王は戦国大名と同列の存在でした。つまり、薩摩と琉球も対等で協力関係にありました。

琉球は一四七七年から一五二七年まで在位した尚真王の時代が黄金期で、戦国大名として奄美、先島を制圧、与那国から種子島のすぐ南まで領土を広げました。海を含めた面積だけでいうと、尚真王は日本一の版図を領有した戦国大名だったかもしれません。

一方の薩摩は、まだ薩摩半島だけの小さな国でした。当時は西洋列強の影が日本へ現れ始めた時代で、鉄砲もキリスト教も日本で初めて薩摩に伝来をしたことは周知の事実です。国産の鉄砲を作り、初めて実戦に使ったのも薩摩でした。

薩摩は隣の大隅国、日向国を統一し、次第に力をつけていきます。薩摩はその勢いのままに九州全土を支配下に置くことを目論み、琉球との力関係が逆転していきます。

「あや船《ぶね》」は琉球が派遣した飾り立てた非武装船で、琉球の力が強かった時代には慶賀すべき行事の時に琉球側の意図で出したボーナス船です。一五五九年、冊封使歓待のために島津の機嫌をとる必要が生じ、琉球は島津貴久への慶賀のあや船を出しました。あくまでも琉球の善意で出したものです。ところが島津氏は、当主就任時にあや船が来ることが威信を高めることであるとして、毎度執拗にあや船の派遣を要請するようになり、琉球と薩摩の関係が、あや船からぎくしゃくし始めました。

一五七一年、島津貴久の後、当主・義久が就任します。義久は、かつて九州制覇まであと一歩のところで、大友宗麟《そうりん》に依頼された秀吉の九州平定により挫折した英傑でした。義久はあや船の派遣を要請し続けます。義久の執拗な派遣要請に、琉球は一五七五年、とうとうあや船を出しました。しかし、せっかく出したあや船の贈り物が貴久の時より見劣りしているとか、義久にさまざまな難癖をつけられるようになり、あや船を出すかどうかの決定権が次第に琉球から薩摩に移行していきました。琉球側の善意で出していたあや船が、義務になっていってしまったのです。さらに、このあや船の件が島津氏の琉球遠征の大義名分の一つになっていきます。

薩摩は九州制覇の夢が破れ、財政の立て直しが急務となりました。薩摩の目は今度は南に向けられ、琉球出兵の時機を窺うことになります。

■島津の琉球遠征

一六〇〇年の関ヶ原の戦いで、島津氏は西軍に加担をしますが、敗戦後、島津独特の処世術により、徳川家康より本領安堵を許されます。

一六〇三年、江戸幕府が成立します。その六年後の一六〇九年、琉球の冊封使を迎える行事を待つ形で時機を窺っていた島津氏が、徳川家康の許しをもらって琉球に向かいます。大義名分は、「創立当初の徳川幕府に贈り物を献上するように勧めたが、それに応じなかった」「琉球船漂着に対し、乗員を保護し、薩摩を通じて帰国させたが礼を欠いた」などです。

一六〇九年二月、薩摩は三〇〇〇の兵を率いて、山川港を出発しました。薩摩の武士たちは沖縄本島の本部半島の運天港から上陸し南下して首里を攻めました。琉球王府の守備隊は、百戦錬磨の薩摩兵の前には無力に等しかったのです。

四月五日、薩摩は首里城を占領し、尚寧王は薩摩へ連行されました。その後、尚寧王は、島津家久に伴われ、駿府城で家康と、江戸城では将軍・秀忠と謁見しました。戦に負けた他の敗軍の将たちと異なり、尚寧王の扱いは別格で、屋形の上に金銅の鳳凰を飾りつけた鳳輦《ほうれん》と称される天皇陛下と同じ玉の輿《こし》に乗せられ、駿府でも江戸でも非常に丁重に扱われました。

一六一一年、国王と三司官は、あらかじめ用意された三カ条からなる宣言書に同意と署名を求められました。続いて、一五カ条からなる訓戒・説諭に従うことが求められました。これは薩摩の「掟《おきて》一五条」と呼ばれています。

一、中国よりのいかなる物資、物品といえども、まず薩摩藩主の許可なしに輸入してはならない。

二、いかに名声のある者でも、その家柄のみにより報酬を与えるのではなく、公共の奉仕に功ある者に与えること。

三、領主の側室に公費を以って恩情を施してはならない。

四、個人による従僕の所有は認められない。

五、寺社の建立は過度にならぬこと。

六、商人は薩摩の許可状なくして、那覇より商品の搬出、搬入の商行為をしてはならぬ。
七、いかなる琉球人といえども奴婢として本土に連行してはならぬ。
八、全ての税及び関税の類は本土の権威ある者の定める規定、規約に則ってのみ課することができる。
九、国王は三司官以外の者に島の施政を任してはならない。
一〇、個人の意思に反し売買を強制されてはならない。
一一、口論や争いごとを禁じる。
一二、官吏が商人や農民に定められた諸役以外に無理非道を申しつけた場合は、鹿児島の薩摩当局に報告すること。
一三、琉球より外国へはいかなる商船といえども出帆することを禁じる。
一四、京判による標準度量衡以外の基準を用いてはならない。
一五、賭博やそれに類する悪習慣を禁じる。

この一五カ条は結局、薩摩が琉球の貿易を独占するためのものでした。江戸幕府の名前は一つも出てこないのです。特に、一、六、八、一三は貿易経済活動に関する条文となっています。

この時から、琉球は薩摩の附庸国であり、琉球独自の外交は存在しないのです。

これを薩摩の琉球侵略と捉えがちですが、決してそうではありません。国家体制こそ異なりますが、当時の琉球の人々も日本民族の一員ですから、民族統一の戦争なのです。それも、戦国時代最後の統一を果たした戦争であり、日本の幕藩体制を完成させた戦争なのです。

一六〇九年以降の琉球王国という国の存在は、薩摩が明国や清国と貿易するために残した飾りであり、プロパガンダです。これが、明治の沖縄県設置直後に、清国が「琉球は明の時代より中国に朝貢冊封を行っていた藩属国である」と主張する根拠となってしまったのです。

結局、琉球処分とは、薩摩自身が蒔いた「琉球国の存在」という国際プロパガンダの種を、明治政府で元勲となった薩摩の志士たちが刈り取る作業だったのです。ここでいう刈り取りとは、琉球国の清国への朝貢冊封の関係を断ち切ることであり、それによって清国と開戦寸前までもつれこんだのです。

学校では、島津の琉球遠征は「琉球侵攻」という言葉で教えられています。この言葉には他国侵略のニュアンスがあり、琉球は独立国だったところを侵略されたという誤解を生んでいる原因の一つです。そのため、本書では「琉球遠征」としています。

家康は一六〇三年に江戸幕府を開きますが、実際に天下統一が果たされ幕藩体制が固まったのは、一六一五年の大阪冬の陣でした。戦国時代は、日本の歴史で唯一、国盗り合戦が繰り広げられ内戦が繰り返された乱世の時期であり、一六〇九年の薩摩の琉球遠征も、戦国末期の天下統一事業のうちの一つでした。これによって幕藩体制下の民族統一が完成したのです。

薩摩は、江戸時代を通して、先の掟一五条のもと、琉球を支配します。しかし、幕府も薩摩も、対外的には琉球に藩を設置することなく琉球国を残し、明との貿易を続けさせます。そのため、江戸時代もずっと琉球だけが他藩と違い、独立国だったという誤解が生まれています。

■江戸時代の琉球は独立国だったのか？

薩摩の琉球遠征は、民族統一の過程で起きたことでした。しかし、「琉球民族」という、日本人とは違う民族が琉球に住んでいたという見方をすれば、薩摩遠征は他国侵略ということになります。日本の学校教育やメディアは、この部分を曖昧にしています。物ごとを曖昧にするのは日本独特の文化ですが、中国はまさにこの曖昧さを突き、歴史戦を仕掛けています。

華夷秩序という中国の歴史観では、「琉球は独立国だったところ、江戸初期に薩摩により侵攻され、幕末には琉球処分により琉球王国は滅亡させられた。その後の琉球は後琉球時代と称され、日本帝国主義の植民地となり、その後はアメリカ帝国の植民地となり、復帰独立したかと思えば、いまだ日本帝国主義の植民地のままである」としています。

この話はどこかで聞いたことがありませんか？　そうです。沖縄二紙を中心としたメディアは、まさにこの華夷秩序の歴史観がベースにあるので、「沖縄を米帝、日帝から取り戻す」という中国の主張を繰り返し報道し、彼らの援護をしているのです。そして、国連に先住民族勧告を出させたり、自己決定権回復を訴えたり、沖縄独立を訴えたりしているのです。

繰り返しますが、琉球人が日本民族とは異なる別の民族ということであれば、薩摩の遠征は侵略となるかもしれません。一方、琉球人が日本人であるならば、薩摩の遠征は民族統一事業として行われたことになります。

これまで、琉球の言語も文化も民族も、ルーツは日本にあることを、さまざまな例をあげて説明してきました。科学の発達により、最近ではDNA鑑定でルーツを知る機会が増えました。沖縄人はどこから来たのか、DNAでわかるようになってきたのです。

二〇一五（平成二七年）年五月二九日、NHKニュースで「分かって来た縄文人のDNA」という特集が放送されました。番組によりますと、国立遺伝学研究所の研究によるDNAの解析で、日本人のDNAは日本周辺の国、大陸や東アジアの人たちと、外見は似ていますが、全く違う要素を持っていることがわかってきました。縄文人の歯のDNA解析により、縄文人のDNAが現代日本人に受け継がれていることがわかったのです。そのうえ、沖縄やアイヌの人のDNAの遺伝的分布は、縄文人に、より近いことがわかりました。

まとめると、日本人はアイヌや沖縄の人たちとともに縄文人を先祖とし、大陸や南洋の人たちとは、そのDNAが大きく違っているということです。
また二〇一四（平成二六）年九月一七日、沖縄二紙に現代沖縄人のDNAのニュースが掲載されました。琉球大学大学院医学研究所チームが、現在の琉球列島に住む人々の核ゲノムDNAを分析した結果、遺伝的に琉球列島の人々は台湾や大陸の人々とつながりがなく、日本本土により近いという研究結果を発表したというニュースでした。このように沖縄の人のDNAは確実に日本人由来ということであり、日本民族の一員であることは間違いありません。

沖縄の言葉が日本語である証拠は、日本民俗学を確立した柳田國男が主張した方言周圏論に見出すことができます。方言周圏論とは、日本の方言が都を中心に同心円状に広がり、中央の都では言葉がどんどん変化しても同心円の辺境では昔の言葉が残っているという理論です。例えば蜻蛉《とんぼ》の語源は古事記に記されている阿岐豆《あきづ》と言います。奈良時代に日本のことを「秋津《あきつ》島《しま》」と称しており、日本の形が蜻蛉に似ているからだという言い伝えが日本書紀に記されています。「あきづ」に近い方言が東北では「あげず」、九州では「あけず」、沖縄では「あーけーじゅー」として残っており、辺境地域であるほど古い言葉が残っているのです。

日本人のDNAもこうした同心円状に引き継がれたのかもしれません。つまり、沖縄やアイヌの人たちが縄文人のDNAを色濃く引き継いでいるということは、日本の辺境地域であればあるほど古いDNAが残っていることになります。都の周辺では弥生人という新たなDNAが加わりましたが、辺境地域には弥生人の影響が薄く、古い日本人である縄文人のＤＮＡが残ったということでしょうか。

これまで学校では、弥生人が縄文人に取って代わった印象で教えられてきました。しかし、日本人に縄文人のＤＮＡが引き継がれているという事実は、日本列島では、先住民である縄文人が根絶やしにされることなく、後からやってきたであろう弥生人と共存した、ということになります。こうした現象は、世界的に見ても他地域ではほとんど見られないのではないでしょうか。日本人は古くから平和を望む民族だったということが、如実に感じられる話です。

これまでの説明から、琉球人も日本人であり、薩摩の遠征は幕藩体制確立のための民族統一事業であったことが理解できるかと思います。その上で、幕藩体制確立後、幕府と薩摩は、琉球経由で明との貿易を図るため、琉球が独立国であるかのように偽装させたのです。戦後の日本が、この時代の沖縄の地位を明確にしてこなかったのが、現在の沖縄問題の深因なのです。

学校教育やメディアにより、私たちは中国が主張する華夷秩序での歴史観にどっぷりつかってしまっていて、沖縄独立論に一定の根拠があるかのように受け止めてしまっている人が多く見受けられると思います。とりわけ学校教育で、日本民族視点の歴史観、沖縄史観を再構築しなければ、中国の歴史戦に屈することになります。これこそが真の危機であり、今すぐに国家の総力をあげて着手すべき緊急の課題だと訴える所以《ゆえん》です。

沖縄の危機から始まり沖縄県設置で終わった明治維新

■明治維新の本質

明治維新の目的は、日本の西洋列強の植民地化の回避であり、その最前線は琉球でした。では、西洋列強の植民地にならないために、維新の志士や元勲は何を行ったのでしょうか?

それは、倒幕でも薩長同盟でもありません。それらはあくまでも手段です。植民地化の回避を実現したのは「中央集権国家の建設」であり、西洋諸国に負けない国家の軍隊「日本軍の創設」です。そして、それを実現する政策が「富国強兵」だったのです。

つまり、中央集権国家体制で富国強兵政策を推し進めたことが、明治維新の本質と捉えて間違いないのだと思います。

■間違って教わっていた明治維新の歴史観

明治維新において、中央集権国家を作るために行った最大の改革は、廃藩置県です。さらにその廃藩置県の中で、最も困難で最もエネルギーを費やしたのは、沖縄県の設置でした。清との外交問題にもなり、日本軍初の海外出兵（台湾出兵）まで行ったのです。ということは、沖縄県の設置は、明治維新の中でも、最も大きな比重を占める改革だったということです。

そして、沖縄県の設置は「最後の廃藩置県」であり、その時に日本の中央集権国家体制が完成したといえます。つまり、明治維新は西南戦争で終わったのではなく、沖縄県の設置で終了したということになります。その後、この時に完成した中央集権国家体制で日清・日露、そして大東亜戦争を戦い、アジアの白人支配体制を終わらせたのです。

もし、明治維新で沖縄県の設置に失敗していたら、日本はどうなっていたでしょうか？　まず沖縄は真っ先に、西洋列強か清国の植民地になっていたはずです。沖縄を植民地化した国は、軍事的に重要な沖縄に海軍基地を造ったでしょう。その結果、東シナ海の覇権を失った日本は、大陸へ兵員や物資を運ぶルートの確保が困難となります。そうなってしまうと、日清戦争や日露戦争に勝利することは不可能となっていたと思われます。

日清戦争でも日露戦争でも、朝鮮半島の根本にある黄海で重要な海戦がありました。日本海軍が黄海に行くためには、日本海ではなく東シナ海を通らなければならないことに気がつく必要があります。

つまり、日本が中国などのアジア大陸の国と戦争をするには、東シナ海の覇権が必要であり、そのためには絶対に沖縄を失ってはならないのです。もしも日本が日清戦争や日露戦争で勝てなかったとしたら、今は日本を含めたアジア各国は、西洋列強の植民地のままだったということにもなります。

このように、明治維新の本質を理解した上で琉球処分を捉え直したとき、「明治維新」と「琉球処分」は別々のものではなく、運命共同体である日本と琉球が西洋列強の植民地化を回避するための中央集権国家として一つになっていく、政治体制の改革であったことがわかります。

正誤を列挙すると次のようになります。

【明治維新の終わり】
誤：一八七七年、西南戦争の終結。
正：一八七九年、琉球藩を廃止して沖縄県を設置。

これで、現在学校でも歴史書でも教えられている「明治維新はペリーの浦賀来航に始まり、西南戦争で終わった」という歴史観は大きな誤りであることを、ご理解いただけたと思います。

それは、薩摩藩が琉球経由で阿片戦争の情報を入手していたことや、琉球に頻繁に西洋列強の艦隊が来航する状況をよく知っていたことを無視しているのです。また、ペリーは浦賀に来る前に琉球の那覇港に寄港していますが、それも無視し、記述していないものがほとんどです。

その明確な理由はわかりませんが、推測できる理由は「琉球は当時外国だった」と見なしているからではないかと思われます。ペリーの琉球来航や西洋列強の艦船の来航は、当時の琉球王国が日本ではないため、「日本史」には含まれないということです。

しかし、これは結局、「日本は琉球処分を行い琉球王国を強制的に併合して滅ぼした」という、日本が侵略国であることを認める歴史観につながってしまうのです。これは非常に危険な歴史観ですので、早急に改め、学校の教科書を修正する必要があります。

首里城を訪問するペリー（『ペルリ提督琉球訪問記』）

■明治維新の時の沖縄と今の沖縄

幕末において、琉球を管理していたのは薩摩藩です。その薩摩藩の志士たちは、琉球に西欧列強の船が来航したという情報を入手し、琉球の危機は日本の危機だと悟り、立ち上がったのです。そして、今の幕府では日本を守れないと判断して倒幕活動を行い、新しい中央集権国家を作り上げたのです。そして、新しく作った政府で、清国の「琉球は古来より中国のものだ」という主張を跳ねのけ、沖縄県を設置して沖縄を守ったのです。

では、今の沖縄を見てみると、どうでしょうか？

中国政府や中国共産党は尖閣諸島だけでなく、間接的に沖縄全体の領有を主張し始めています。「琉球民族は古来より中華民族の一員で、中国人民は琉球民族の独立を支持するべき」とまで言い始めているのです。明治維新の時と全く同じ主張です。つまり、今の沖縄は、明治維新の時と全く同じ危機の中にあるのです。

そして、今の政府では沖縄も日本も守ることはできない、という状況も同じです。ですから、やるべきことも同じです。日本を守るためには、しっかりした中央集権国家体制を築き、富国強兵政策を採ることです。

その第一段階は、しっかり沖縄を守れる軍事力・抑止力を持つことです。その次には、東アジア全体の平和を守ることのできる国力を持った国家となることです。幕末においても、大東亜戦争の時代においても現在においても、沖縄は日本防衛の砦《とりで》です。先人は、沖縄を守ることによって、日本を守ってきました。

現在、沖縄を巡る闘いは、精神的な分断工作や歴史工作、政治工作など、複雑になってきていますが、日本の未来が開けるかどうかは、沖縄を守れるかどうかにかかっています。そして、沖縄を守ることは、日本民族の使命だと言っても、過言ではないと思うのです。

■沖縄の自己決定権のキャンペーンのシンボルとされた琉米条約

では次に、誤った明治維新の認識が、沖縄でどのような問題を引き起こしているかを見てみましょう。二〇一五（平成二七）年一月三日の琉球新報に、沖縄県議会の喜納昌春《きなまさはる》議長へのインタビュー記事が掲載され、一八五〇年代に琉球国が米国、フランス、オランダと締結した修好条約について次のように述べています。

「琉球は小国といえども大国と対等に条約を締結したということは大変なことだ」

「武力がなくても、外交官としても優秀な通訳官がいて、立ち回りができた。琉球が独立国であったということを当時の国々も認めていたということであり、それは歴然としている」

「明治政府は琉球を抑えるために条約を提出させた」

「（現在外務省の外交史料館に保管されている条約の原本は）沖縄にも県立の公文書館があり、ぜひそこに置いてもらいたい」

「県議会で決議や意見書として政府に伝えることができるのではないか？」

「二月の定例会のタイミングなどで働きかけたい」

つまり、これらの条約は当時、琉球国が独立国であった証であるにもかかわらず、その原本を外務省が琉球から取り上げて保存しているので、本来あるべき沖縄に戻すよう働きかけたい、と言うことです。

この喜納昌春議長のコメントの背景には、二〇一四（平成二六）年七月一一日に琉球新報が始めた「道標《しるべ》求めて~沖縄の自己決定権を問う」という連載記事があります。ちなみに、連載が始まった七月一一日は、琉米条約が締結された日です。その日の初回の記事に、最も重要な主張が掲載されています。

一、琉球処分（沖縄県の設置）は国際法上不正である。

二、その根拠は琉米修好条約など琉球が三カ国と結んだ条約であり、琉球は国際法上の主体であり日本の一部ではなかった。

三、琉球処分はウィーン条約法条約五一条に違反しており、人権侵害に対する責任を日米政府に追及できる。

四、ウィーン条約法条約の発効は一九八〇（昭和五五）年、日本の加入は一九八一（昭和五六）年だが、琉球処分時点では既に国際慣習法として成立しており遡《さかのぼ》って適用可能。

三と四のウィーン条約法条約の解釈については無理がありますが、その反論は別の機会に譲って、今回は一と二の、琉球処分や琉球が締結した条約について論じたいと思います。

私は、これらの歴史認識と法律認識は、沖縄県民の郷土愛や自尊心を利用して、沖縄を精神的にも政治的にも日本から分断することを狙った捏造史観だと、警鐘を鳴らしたいのです。

■島津斉彬の琉球を利用した富国強兵政策

琉球国を独立国だったと考えている人たちは、「琉米条約などの条約の締結は独立国の証明だ」と主張していますが、それは江戸時代の琉球の実態からは大きくかけ離れています。そもそも当時の琉球国は薩摩の支配下にあり、貿易の品目すら自由に決めることはできなかったのです。ですから、なおさら勝手に条約を締結することはできませんでした。

琉球には薩摩在番奉行所があり(現在の那覇市西町)、異国船が寄港したときには逐次、薩摩に報告していました。当時の薩摩の藩主は、これらの条約締結についてどのように関わっていたのかを探ってみましょう。

これらの条約締結時の薩摩藩主は島津斉彬《なりあきら》です。斉彬は西郷隆盛ら幕末に活躍する人材を育て、薩摩藩の富国強兵に成功した幕末の名君の一人です。斉彬は、琉球がペリーと琉米条約を締結すると、蒸気船一隻をアメリカに注文すること、外国への物資支給を従来のように無償で提供するのでなく、二〜三倍の価格を要求すること、貿易品に日本製品を宛てることなどを琉球側に指示しています。

彼は一八五一年二月に藩主に就任するや、藩の富国強兵に努め、洋式造船、反射炉・溶鉱炉の建設、地雷・水雷・ガラス・ガス灯の製造などの集成館事業を興しました（二〇一五年にユネスコの世界遺産リストに登録）。今でいう工業団地を幕末に建設していたのです。

島津斉彬

彼が藩主に就任する前には、既に琉球に、イギリスやフランスをはじめとする異国船がたびたび来航するようになっており、その情報は逐次、薩摩に報告されていました。また一八四二年、東洋一の大国である清国が阿片戦争でイギリスに敗れて以降、ヨーロッパ諸国がアジア各地で植民地化を進めていることも、かなり正確に把握していました。

斉彬は日本の植民地化を憂慮して軍事力の強化の重要性を訴え、富国強兵、殖産興業をスローガンに藩政改革を主張していたのです。

藩主になる前は財政再建派に抑えられていましたが、藩主になった直後から、長年温めていた事業を集成館事業として着手したのです。ペリーが琉球や浦賀に来航したのは、それからわずか二年後のことだったのです。

■斉彬に引き上げられたジョン万次郎と牧志朝忠

斉彬が藩主に就任した一八五一年二月、奇遇なことに、同じ月に幕末の重要人物が琉球に上陸しました。ジョン万次郎（本名：中浜万次郎）です。

一八四一年、彼は八歳の時に土佐から漁に出て遭難し、米国の捕鯨船に救助されましたが、鎖国の日本に戻れないため、船長の養子になり、米国の学校で学びました。学校を首席で卒業した後、捕鯨船の船員として生活をしていましたが、日本に帰国することを決意。一八五〇年、同志二人と上海行きの商船に乗り込み、日本への上陸を企《くわだ》て、その上陸地に琉球を選んだのです。おそらく本土より取り締まりが緩いことを知っていたのではないでしょうか。

万次郎たちは、現在の沖縄県糸満市・大度浜《おおどはま》海岸に上陸。三人の姿を発見した農家の人たちが地元の役人に連絡。役人は三人を那覇の薩摩在番のもとに連行しました。役人たちは、三人の口から出る話に多大なる興味を示し、所持する本、計器類、道具などが注意深く調べられました。三人は七カ月間、沖縄に抑留され、その間、絶え間なく監視と尋問が続けられましたが、

牧志朝忠

彼らの扱いには常に敬意と友好的な態度が示されました。

万次郎らの上陸は薩摩本国へ伝えられ、鹿児島に呼び出されるまでの間は、豊見城間切《とみぐすくまぎり》（琉球国時代の行政区分）翁長の高安家から手厚いもてなしを受けました（二〇一〇年には豊見城市翁長にジョン万次郎記念碑が建立されています）。

ついに万次郎は薩摩藩主・島津斉彬と面談をするべく鹿児島に呼び出されました。斉彬は万次郎を厚遇し、自ら海外の情勢や文化等について質問しました。この時に斉彬が万次郎からどのような情報を入手したのかは不明ですが、三年後の琉米条約の締結、その後の琉球に対する米国への蒸気船の発注指示に、大きな影響を与えたと考えられます。

一方、琉球にも、ジョン万次郎のように英語でペリー提督やゲラン提督と堂々と渡り合っていた人物がいました。牧志朝忠《まきしちょうちゅう》という通事役です。

一八四〇年、北京留学中に阿片戦争を目《ま》の当たりにした朝忠は、清の衰退と列強の恐ろしさを肌で感じ、琉球にもやがて異国の知識と言語が必要になることを確信していました。帰国後は英語話者・安仁屋政輔《あにやせいほ》に師事するなどして英語力を磨きました（安仁屋政輔は、一八一六年にイギリスのバジル・ホールが来琉したとき、真栄平房昭《まえひらぼうしょう》と共に停泊中の船にたびたび乗船し、独学で英会話を身につけました)。

さらにイギリス海軍琉球伝道会が派遣した、ハンガリー出身のキリスト教宣教師ベッテルハイム(一八四六年から八年間琉球に滞在)からも英会話を学びました。牧志はジョン万次郎の取り調べも担当し、米国史と政治体制についての教えを受け、この知識が元になって、後のペリー艦隊との交渉で、「初代大統領ジョージ・ワシントン」の名前を出して米国側を驚かせたのです。牧志の有能ぶりは、斉彬から高く評価され、異例の大出世を遂げることになります。

■島津斉彬の軍艦計画

琉米条約の締結から二年後の一八五五年、琉球は再び大激動の時代を迎えました。一一月六日、フランスのゲラン提督が条約締結交渉のため、三隻のフランス船を率いて那覇港に寄港したのです。フランスは、一八四四年から条約締結を求めて何度も琉球に寄港していましたが、毎回、琉球側の巧みな先延ばし戦術により追い返すことが繰り返されていました。しかし、今回のフランスの決意は固かったようです。日本の開国で米国に先を越されてしまったからです。

フランスの使者が地方官・垣花親方に面会し、交渉は一一月一〇日と約束しました。琉球王府は急遽対策本部を設置し、摂政、三司官、通事役の牧志朝忠などが那覇詰めとなりました。

フランス側は条約を要求しましたが、琉球側はいつものように「琉球は小国で産物も乏しい」などとさまざまな先延ばし戦略で謝絶しました。しかし結局、六回にわたる交渉の末にフランス側が激怒、琉球側に銃剣を突きつけての調印となったのです。フランス側の武力による強引な調印です。

このような動きを薩摩が知らないわけはないのです。琉球を管理していた藩主・島津斉彬はこの交渉過程の一つ一つに裏から指示を与えていました。斉彬は日本の置かれている国際的地位の大変動を感じ取っていたのです。鎖国政策は遠からず根本的に改変を迫られることを確信していました。フランスが琉球国において貿易の機会を求めていることに、大きな可能性を感じ取っていたのです。

琉仏条約を締結すると、その条約を根拠に琉仏関係は動き出しました。

一八五七年二月、仏国宣教団から若年の国王・尚泰に野砲一式が提出されました。これは、いわゆる「貿易商品の見本」で、島津斉彬が最も興味を示していたものでした。牧志朝忠には、この新兵器の扱いに習熟するようにと命令が下っていました。

一八五七年には長崎出島の蘭館に使いを派遣し、オランダと琉球との通商について詳細を大島で密議しようと提案させました。さらに琉球官吏に指示して那覇におけるフランス人を通じて軍艦二隻（一隻という説もある）の注文と、琉球人学生五名の派遣を交渉させました。

一八五八年二月、島津斉彬からフランス貿易の密命を受けて琉球入りしていた側近の市来四郎と牧志朝忠は、仏国との直接交渉に動きはじめました。一八五五年締結の条約により、幾人かの若者がフランス語学習を目的にフランスへ送られ、また琉球が小型軍艦と武器類を仏国より購入することによって、以後定期的に商業取引を行うことが合意されていました。斉彬の計画はここまでうまくいっていたのです。琉球経由の貿易を利用した富国強兵策です。フランスに発注した軍艦や武器は一八五九年三月までに到着する予定でした。斉彬はおそらくこの時、富国強兵に成功した薩摩の軍事力で幕府を倒し、次は全国レベルでの富国強兵、殖産興業政策を実施し、統一近代国家日本を建設することによって、西洋列強による日本の植民地化を回避するビジョンを持っていたのではないでしょうか？

■琉球の悲劇を生んだ斉彬の急死

ところが、フランスから軍艦・武器が届く前年の八月二五日、斉彬が急死し、異母弟の久光が藩の実権者となりました。久光は、斉彬の計画を全て抹殺するかの勢いで、斉彬の配下の者を処分しました。

琉球への影響も極めて甚大でした。最も大きなしわ寄せを被《こうむ》ったのは、斉彬の指示によって動いていた牧志朝忠と恩河朝恒《おんがちょうこう》です。軍艦注文は即座に取り消され、責任者が落馬して急死したということで取り繕い、多額の違約金を支払って解約しました。

琉球王府内の反薩摩派は、薩摩の政変を注意深く見極め、久光が積極的に介入はしないと確信し、親薩摩派（斉彬派）への報復に動きだしました。一八五九年九月、収賄や国王廃立の謀反《むほん》容疑で、三司官（琉球王府の宰相職）の小禄良忠《おろくりょうちゅう》、王族の玉川王子・朝達《ちょうたつ》、牧志、恩河らが逮捕、尋問されました。それぞれに拷問が加えられ、自白を強要されました。翌年、牧志が自白したとされ久米島に一〇年の流刑、恩河は同じく六年、小禄は伊江島に五〇〇日、玉川王子は蟄居の身となりました。恩河は刑確定まで獄中にありましたが、同年三月、拷問で衰弱し、流刑前に死亡しました。

薩摩は、緊急の要件ありとのことで、牧志を鹿児島に呼び出しました。牧志本人は知るよしもなかったのですが、薩摩は牧志の英語能力と外交手腕を必要とし、薩摩の役人たちのための英学師範に任命することになっていたのです。牧志は七月、厳重な警備のもとに出航しましたが、伊平屋島沖で船から身を投げ出し自殺しました。

この一連の処罰で、琉球王府は国際感覚を持つ優秀な人材を失いました。そのため、明治政府の中枢を担った薩摩の志士は、二〇年後の沖縄県設置の際、明治維新に無理解な琉球の役人に手を焼くことになったのです。

牧志自殺の二カ月後、一八六二年九月、島津の家来の一人が横浜近郊の生麦村で英国人を殺傷しました。いわゆる「生麦事件」です。一八六三年八月、英国の軍艦七隻が賠償を求めて鹿児島湾に侵入。生麦事件犯人の逮捕と処罰、及び遺族への「妻子養育料」を要求。薩摩藩はイギリス側の要求を拒否し戦闘となりました。両軍ともに大きな損害を被り、同年講和。以後、久光は英国海軍へ傾倒することになります。一旦は斉彬の政策を全て否定した久光でしたが、事実上、斉彬の政策を引き継ぎ、日本開国の先駆者となったのです。

■決定的な倒幕外交・パリ万博の薩摩琉球国勲章

一八六五年、薩摩藩は藩士一九名をイギリスに派遣しました。使節三名、留学生一五名、通訳一名で、留学生の一人は土佐藩出身、通訳は長崎出身の者でした。彼らは「薩摩スチューデントと」呼ばれていました。当時、幕府は日本人の海外渡航を禁止していたため、甑島《こしきしま》・大島その他の島々への出張と称し、それぞれ改名した上で出発しました。彼らはロンドン大学で学んだり、イギリスの技術を藩に導入するための交渉を行ったりしました。

一八六七年にフランスで開催されたパリ万国博覧会は、日本が初めて参加した国際博覧会でしたが、そこに江戸幕府とは別に、薩摩藩は幕府の許可を得ることなく、独自に出展を行いました。「日本薩摩琉球国太守政府」を自称して、幕府とは別の独立国の政府であることを国際社会に訴えようとしたのです。これにより、ヨーロッパ諸国において、幕府の権威が低下することとなりました。

その戦略の極めつけが、勲章の製作と贈呈です。薩摩藩は参加記念章として「薩摩琉球国」の勲章を作りました。赤い五稜星の中央に、丸と十を組み合わせた島津家の家紋が白字で載っていました。紅白のコントラストが鮮やかで、五稜の間には「薩摩琉球国」の五文字が金色に光っていました。これが、日本最初の勲章でした。薩摩藩はその勲章を、ナポレオン三世をはじめフランス高官に贈ったのです。その返礼としてナポレオン三世から記念メダルをもらいました。

薩摩琉球国勲章（拡大図）

この時、幕府もフランスで勲章外交を行うために独自の勲章（葵勲章）制作を開始しましたが、同年一一月九日に一五代将軍徳川慶喜が政権返上を明治天皇に奏上し幕府は瓦解し、幻となってしまいました。

結果として、薩摩の倒幕外交は成功したことになります。ちなみに前述の薩摩スチューデントはフランスへも赴き、パリ万博の薩摩藩の展示に関わりました。

■沖縄は明治維新の主役の一員

薩摩の志士が初めて海外に危機感を持ったのは、一八四〇年代前半、西洋列強の船が日本開港の足がかりとして次々と琉球にやってきたことに対してです。

その理由は、一八四二年、阿片戦争で清国がイギリスに敗れ、南京条約で五つの港を西洋列強に開放したからです。五つの港とは、広州、福州、上海、寧波《ニンポー》、厦門《アモイ》です。

109頁の地図で東シナ海を見てください。五つの港から日本に向かうと、途中に琉球、現在の沖縄があります。日本開港の拠点として最適の地なのです。大東亜戦争における沖縄戦だけでなく、幕末、明治維新においても、沖縄は日本の国防最前線だったのです。

まとめになりますが、大きなくくりですが、明治維新は次の三つのステップを経て実現したことになります。

一、阿片戦争直後の琉球の危機（＝日本の危機）に気がついた薩摩藩の、琉球を活用した富国強兵・殖産興業政策。
二、薩摩を中心とした雄藩による倒幕、中央集権国家の建設。
三、琉球の朝貢冊封関係の停止及び沖縄県設置（＝琉球処分でいう処分とは、琉球と清国との朝貢関係を断つこと)。

この実際の流れを冷静に見ますと、明治維新は琉球の危機に始まり、沖縄県設置で近代的中央集権国家が完成し終わったことになります。

また、明治維新の原動力は薩摩藩だけではありません。琉球国だけでもありません。江戸時代の薩摩と琉球の関係は、琉球あっての薩摩藩であり、薩摩あっての琉球です。江戸時代の幕藩体制の中で、南の端の二カ国の特殊な関係がシナジー効果を生み、成長し、幕末における富の蓄積は江戸幕府を凌駕《りょうが》するものとなり、明治維新の主役として江戸幕府を倒し、新政府を作ったのです。

そうであるなら、琉球国も明治維新の主役の一員だったといえるのではないでしょうか。つまり、決して明治政府により滅ぼされたのではないのです。

ただし、一つ大きな失敗がありました。幕末の琉球では斉彬の急死後、親清派により親薩摩派が完全に追放され、清国との朝貢冊封関係に執着する親清派で占められてしまったことです。これが、沖縄県設置の際、明治政府が清国と琉球の朝貢冊封関係を断ち切るのに苦労した原因になっています。

もし、斉彬が急死せず、親薩摩派の指導者が琉球に残っていたなら、牧志朝忠など琉球出身

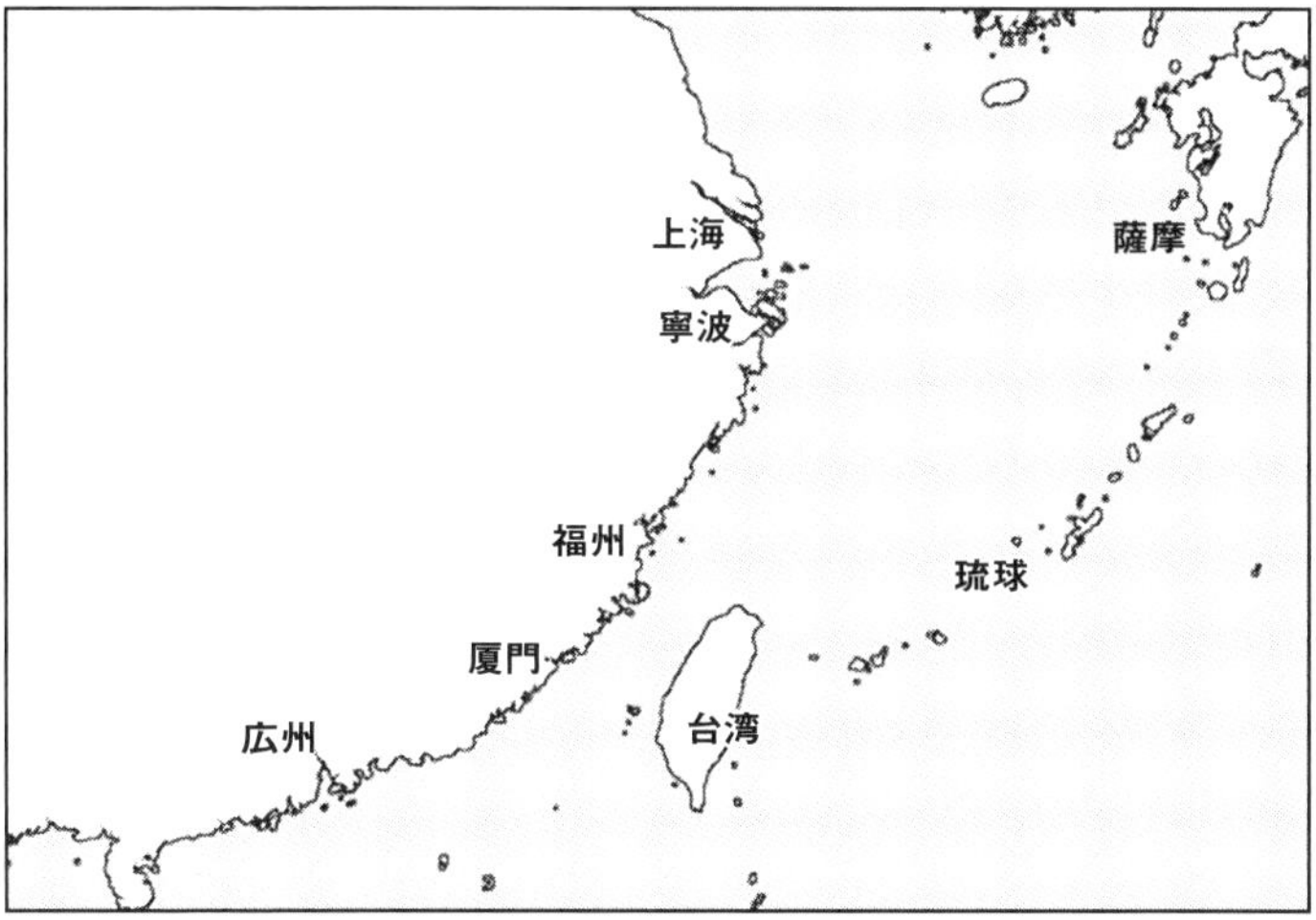

南京条約で開港した清の五港から日本を見ると、いかに琉球が重要な場所にあるかよくわかります。

の維新の志士が輩出され、その後に明治の元勲として歴史に名前を残す人物も現れていたに違いありません。そうなれば、沖縄が明治政府の被害者だという歴史を捏造されることもなかったことでしょう。

現在の沖縄の危機も同じ状況といえます。親中派政治家がマスコミと一体となって沖縄の政治権力を握っており、愛国政治家を選挙で葬り去ろうとしています。日本の危機を回避するため、日本を再建するためには、決して沖縄の指導者は親中派であってはなりません。沖縄の指導者が愛国者であることこそが、日本繁栄の条件なのです。

明治維新の原型、薩摩の「琉球秘策」

■琉球の危機勃発により始まった明治維新

前項において、阿片戦争などのアジア情勢を正確に把握していた薩摩藩が、外国船の来航による琉球の危機に直面するところから明治維新が始まったことを説明しました。今回は、さらに深く追究して、明治維新の思想の源流について確認してみたいと思います。

それは一八四四年、琉球に来航したフランス軍艦アルクメーヌ号がきっかけでした。同艦は全長八〇メートル、大砲を三〇門、武装した乗組員二三〇名を備え、ペリー艦隊の蒸気船とほぼ同型の、堂々たる黒船でした。艦長のデュ・プラン提督以下は、上陸して和好・通商・布教についての認可を要求しました。

琉球側は、薪と水、食料の無償供与はできるが、通商や布教については頑《かたく》なに拒否します。これは、当時の琉球が幕府の鎖国令、禁教令の枠の外にあったのではなく、琉球も幕藩体制下にあって、交易や他国宗教も禁止されていたことの証明です。

フランス軍艦来琉に対する薩摩・江戸の動き

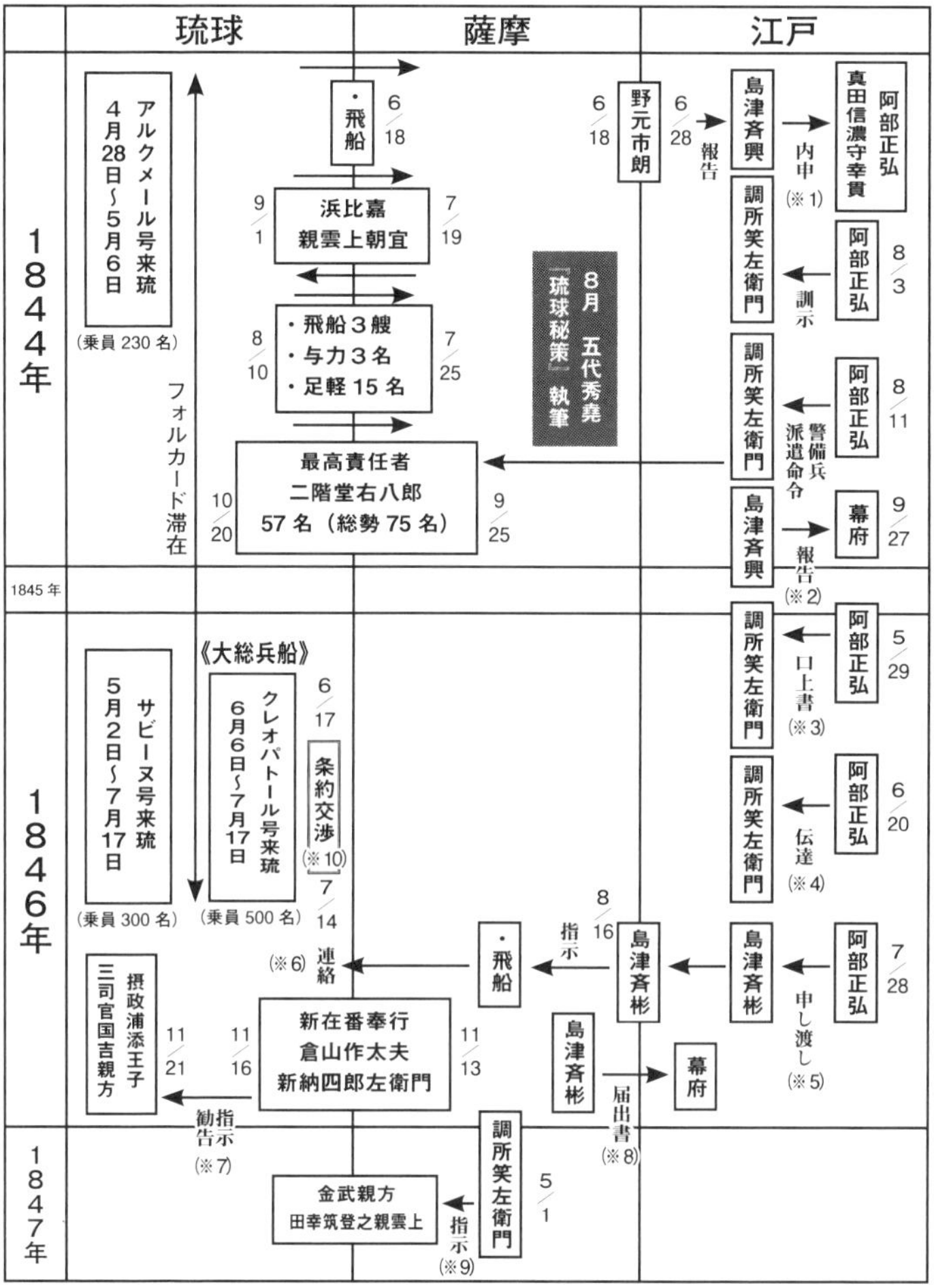

※１「琉球国ハ国外ノ訳、平生ノ御処置振モ格外ナルカ、大隅守（斉興公）見込ヲ持テ後患ナキヲ要し処置スヘキ旨」※２那覇来航のフランスの艦長がフランス国皇帝の命令で琉球とも交渉して交易したいと申し出たこと、異国人一人、唐人一人を大総兵船のための通訳として残置したことなどを通報、将来大総兵船来着のときは何を押し付けられるかわからない」※３「琉球にのみフランスとの交易を認める」※４「斉彬の帰国が承認された」※５「交易を始める事になった場合はフランス限り、規模はあまり大きくしないように」※６「布教以外は受け入れ琉仏貿易の開始の可能性もある」※７通商の１条は許可すること。琉仏貿易の具体案（運天港を貿易港、薩摩の資金を投入）を示して説得※８一昨年来の仏英船の来航に伴う琉球への派兵と、長々と居座る仏英人の敬語のトラブル、琉球の困窮、輸送費用など遠海を隔てているため、諸事が倍かかる。※９「外国人への対応は平穏を主とし、やむを得ない場合は広東を拠点として貿易を開始」※10琉球当局としても総理官クラス、布官クラスなどにわけて「大総兵官にたいする心得」を作成し、フランス側の質問に対する返答の仕方を徹底させていた。

デュ・プラン提督は琉球の意向を無視、一年後に大総兵船での再来航を予告し、宣教師フォルカードと中国人通訳を残して一旦退去しました。琉球に残留した両人は、イギリスの琉球占領の意図を強調、フランスの保護下に入ることを勧め、先の三項目についての認可を求め続けました。

アルクメーヌ号の琉球来航の情報は、飛船により薩摩に伝えられると、ただちに早馬にて江戸にも事情が報告されました。藩主・島津斉興《なりおき》は、報告書を幕府に提出、家老・調所笑左衛門《ずしょしょうざえもん》広郷《ひろさと》に命じ、この問題を時の老中・阿部正弘と協議させました。

その結果、幕府から警固兵を派遣するよう内命が下され、薩摩藩は御用人・二階堂右八郎が指揮する一隊総勢七五名を琉球に送りました（前頁図参照）。

その後、イギリスも福州にある琉球館に通商を求めましたが、琉球が拒否すると一八四六年には琉球にスターリング号を派遣、宣教師ベッテルハイム一行を送り込んできました。

■琉球危機を切り抜ける具体的方策である『琉球秘策』

このような、西洋列強の植民地支配の圧力が顕著に琉球に押し寄せる状況下で執筆されたのが『琉球秘策』です。これは、フランス軍艦の軍事的圧力による琉球への開国要求に対し、薩

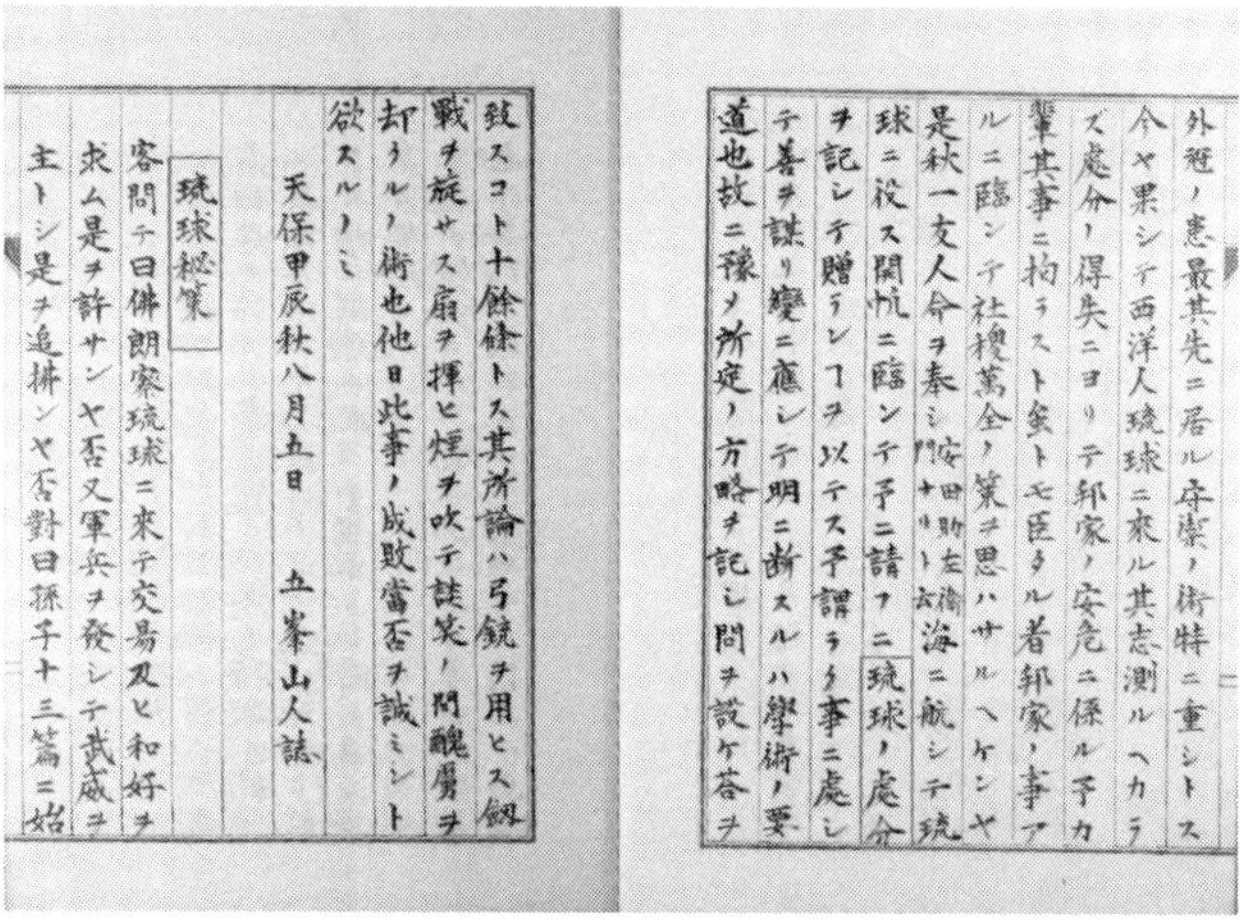
外寇ノ患最其先ニ居ル守禦ノ術特ニ重シトス
今ヤ果シテ西洋人琉球ニ來ル其志測ルヘカラ
ズ處分ノ得失ニヨリテ邦家ノ安危ニ係ル予カ
輩其事ニ拘ラストモ苟モ臣タル者邦家ノ事ア
ルニ臨ンテ社稷萬全ノ策ヲ思ハサルヘケンヤ
是秋一丈人命ヲ奉シ安田助左衛門ナリト云海ニ航シテ琉
球ニ役ス開帆ニ臨ンテ予ニ請フニ琉球ノ處分
ヲ記シテ贈ランコトヲ以テス予謂ラク事ニ處シ
テ善ヲ謀リ變ニ應シテ明ニ斷スルハ學術ノ要
道也故ニ稼ノ所定ノ方略ヲ記シ問ヲ設ケ答ヲ
致スコト十餘條トス其所論ハ弓銃ヲ用ヒス劔
戰ヲ旋サス扇ヲ揮ヒ煙ヲ吹テ談笑ノ間醜虜ヲ
却クルノ術也他日此事ノ成敗當否ヲ試ミント
欲スルノミ
天保甲辰秋八月五日　五峯山人誌
琉球秘策
客問テ曰佛朗察琉球ニ來テ交易及ヒ和好ヲ
求ム是ヲ許サンヤ否又軍兵ヲ發シテ武威ヲ
主トシ是ヲ追拂ンヤ否對曰孫子十三篇ニ始

五代秀堯『琉球秘策』

摩藩としてどう切り抜けるか、具体的方策を問答形式で論じたものです。

執筆したのは薩摩藩主・島津斉興の側近の一人で、著名な儒学者である五代秀堯です。この『琉球秘策』は、開国して富国強兵、殖産興業を推進する思想の原点であり、のちに明治政府の基本方針として採用されたと思われます。

その秀堯の次男が、幕末期に政商として名を残した五代友厚《ともあつ》です。友厚はまさしく父・秀堯が説いた開国貿易、富国強兵を主張し、実践しました。維新後、友厚をはじめ薩摩出身の明治政府の要人たちが、『琉球秘策』を国家レベルで実践したのです。

『琉球秘策』は「琉球の処分は」という文言から始まります。この文言は、沖縄メディアや左派勢力に、あたかも日本が琉球王国を侵略・強制併合したかのような意味合いの印象操作に利用されてしまっています。

しかし、話は全くの逆で、「琉球処分」の本当の意味は、フランス軍艦の軍事的圧力により開国を迫られている琉球の問題をどう処理するか、琉球をどう守るかということであり、そこには全く差別的な意味はありませんでした。むしろ前述の通り、琉球は明治政府に侵略されたのではなく、明治維新において新政府を作った主役の一員だったのです。

『琉球秘策』の要点は、「琉球ノ処分ハ、絶ト和トノ二策ヲ主トスヘシ」というものでした。「絶」とは、西洋諸国の開国要求を、あの手この手で徹底的に拒絶すること。「和」とは、「絶」の策が行き詰まった時には開国やむなしという策でした。

この二策の背景には「戦」は絶対に避けるという思想がありました。当時の日本は、一八四二年に異国船打払令が廃止されたとはいえ、攘夷の機運がいまだ盛んな頃でした。そのような状況下にありながら、西洋列強と「戦」を交えることを不可としていたのです。やはり、一八四〇年の阿片戦争による清の敗北の情報が衝撃的であったことを物語っています。

ただし、「和」の策により、開国した場合は軍備を整えなければならないとしています。前述の通り、富国強兵、殖産興業にて西洋列強に屈しない武力を備えることが、すぐに「戦」を交えるより得策であるという、非常に現実的な対応策として、一〇年近く後の、幕府による開国政策にもつながったといえます。

■外国船の琉球来航への薩摩と幕府の対応

一八四六年五月、フランスはサビーヌ号を来航させ、フォルカードの後任の宣教師ルチュルジュを残置しました。そして翌月には、予告通り大総兵乗船のクレオパトール号など軍艦三隻が今帰仁の運天港に集結しました。大総兵セシーユ総督は、威圧を加えながら琉球当局と条約締結の交渉に臨みました。

この時提示された勧告書で最も注目すべき点は、セシーユ提督が琉球駐在の在番奉行である薩摩役人の存在に言及し、琉球が薩摩の支配下にあることを見抜いていることです。セシーユ総督は、琉球が日本側の厳しい支配から脱却してフランスの保護下に入れば、安全が保障されると示唆しており、フランスの最終的な狙いは琉球を保護国とし、イギリスに対抗するための拠点を築くことにあったようです。琉球当局や薩摩もその真意を把握し、警戒していました。そのため、条約締結の回避に全力を尽くしました。

この事態に、薩摩藩主・斉興は、再び家老・調所と老中・阿部とを協議させました。この時の内談で調所は琉球秘策の方針に則した「和」の策を説きました。この調所の説明には、注目すべき点が三つあります。

すなわち第一に、琉球が表面上は清国の属国であっても内実は薩摩藩支配下にあること。そしてそれらは清国をはじめとした西洋各国も周知の事実で、フランスもこの事実を承知の上で条約締結を要求しているという点です。

第二に、万が一フランスへの対応を誤った場合、フランスは清国と直接交渉し琉球貿易の許可を得て勝手にふるまい、薩摩及び日本の琉球へのコントロールが効かなくなり、対仏戦争に発展する可能性があるとした点。

そして、第三に、幸い対外的に琉球は幕藩体制の外藩として位置づけられているので、フランスを納得させるためにも、琉球に限定して貿易を許していただきたいとした点です。

この薩摩の要請は幕府を動かし、同年五月二九日、幕府は琉球にのみ、フランスとの交易を認めることとなります。

琉仏貿易は、幕閣の間でも反対の声がありました。長崎における幕府の独占的な貿易体制が崩壊してしまう恐れからでした。そこで、七月二七日に老中・阿部は「交易はフランスに限り、規模はあまり大きくしないように」と薩摩藩邸へ申し渡しています。

ところが激しい外圧による危機的状況下にありながら、薩摩藩はむしろこの機会をチャンスと捉えていた節があります。薩摩藩は、幕府がフランスとの交易を認めたことを契機に、貿易活動の伸長により薩摩藩の富国強兵を図る機会だと捉えたのです。

■伝統的薩琉関係が琉仏貿易の障害として立ちはだかる

この機に歴史の表舞台に登場したのが、前出の名君・島津斉彬です。斉彬の目は世界に開かれており、鎖国政策が遠からず根本的な改革を迫られることを確信していました。幕府より帰国を許された斉彬は飛船により、琉球当局へ布教以外の要求を受け入れるよう伝えました。ところが琉球側は難色を示しました。琉球側は、フランスとの交易を通じて薩摩と琉球の関係が清国に露見することを恐れたのです。

薩摩は新在番奉行・倉山作太夫と新納《にいろ》四郎右衛門を琉球に派遣し、摂政・浦添王子、三司官・国吉親方へ琉仏貿易の具体案を提示し、説得しました。その具体案とは、運天港に商館を建て、貿易資金は薩摩藩が出資すること。幕府の禁制品も貿易品に交ぜれば薩琉ともに利益になるだろうという案でした。

それでも琉球側は固辞したため、琉球在番の金武親方と川上十郎兵衛を通して、三司官に応諾するよう半ば脅迫に近い報告を送りました。すなわち、「今度フランス軍艦が来た時には、もう断りも通用しないだろうし、事が起これば一日で琉球は滅亡するであろう。三〇〇里も離れた薩摩は助けることができない」というものでした。

それでも固辞する琉球に、薩摩家老・調所は「琉球がダメなら、清国内の広東あたりで行ってはどうか」と譲歩案まで出しています。

琉球は、「薩摩藩の実質的な実効支配下にあることが清国に露見すると、朝貢貿易に支障をきたす」と断り続けます。

薩摩藩の都合で、琉球は独立国を偽装し、明・清との朝貢貿易を続けてきました。はからずもその薩摩のプロパガンダが琉仏貿易計画の障害となっており、琉球側に薩摩に対する抵抗の大義名分を与えていることに、薩摩は愕然としたようです。

ところで、現代日本の教育にも、この薩摩のプロパガンダの影響が色濃く残されています。すなわち、「琉球はもともと独立国であった」かのような教育を、私もあなたも政治家も、優秀な官僚たちも受けてきたのです。

これは、薩摩藩が江戸時代を通して隠蔽してきた薩琉の関係が、戦後はGHQに、その後は左派勢力と中国により、本土と沖縄を分断する目的で利用されているのです。そのため、琉球新報による琉球処分国際法違反キャンペーンでの記者からの質問に対し、外務省は「確定的なことを述べるのは困難」としか回答ができず、明確に否定をしなかったのです。どんなに難しい試験をパスした優秀な官僚でも、いや学校教育で優秀な成績を収めた人物だからこそ、間違った思い込みに脳が支配されている可能性が高いのです。

外務省のこうした姿勢は、琉球処分の不当性に一定の根拠を与えるものであり、明治維新と琉球処分に対するこの危険な歴史観は正さなければなりません。

前述しましたが、斉彬は薩摩藩主になると富国強兵、殖産興業を推し進める集成館事業を興しました。根底には『琉球秘策』の思想と理念があったのだと思われます。

琉球当局の抵抗を受けながらも、斉彬の時代に琉球は米・仏・蘭と条約を締結します。志半ばにして斉彬は急死してしまい、薩摩藩も琉球も反斉彬派による反動が起きたことは前に書いた通りです。しかし、時代が斉彬と『琉球秘策』の理念に追いつくように幕府は開国し、討幕、明治政府の誕生から政府による富国強兵、殖産興業へとつながっていったのです。

これが、『琉球秘策』が明治維新の原型だとする所以です。

■外国人の滞留により露呈した薩摩の琉球支配

清国との朝貢貿易による莫大な利益が失われることを恐れ、これまで薩琉は全力をあげて薩琉の従属関係を隠蔽してきました。しかし、フランス軍艦の琉球来航による外国人の琉球滞留によって、これらの関係がいつかは表面化せざるを得ない事態に直面するとの懸念が広がりました。

琉球に滞在中のフォルカードは、書簡で「中国語は大昔に福建から移住してきた人々の子孫にあたる幾人かの通事たちに使われているだけで、琉球人の日常の話し言葉は日本の言語の一方言である」と書いていました。また、ベッテルハイムも「琉球は宗教も、道徳も、習慣も文字も、何もかも日本のものだ」と語っていたのです。

『琉球秘策』や外国船来航時の薩摩藩、幕府の対応を丁寧に追っていけば、琉球が日清両属であったという事実はなく、華夷秩序の中になかったことが理解できます。琉米、琉仏、琉蘭の三条約はもちろんのこと、琉球が主権国家として単独で条約を結んだという話は荒唐無稽であることが理解できるかと思います。これら三条約は薩摩藩や幕府の承認のもとで結ばれたのです。そして、琉球が薩摩の支配下にある、つまり、幕藩体制下の日本の一部であったことは、自明の理なのです。

図らずも外国船の来航により、薩摩のプロパガンダは周知の事実として世界に露呈したにもかかわらず、時を経て現代日本人が薩摩のプロパガンダに惑わされ続けていることは、笑止千万としか言いようがありません。しかし、笑ってばかりもいられません。

外務省だけではなく、日本政府も「沖縄についてはいつから日本の一部であるかということにつき確定的なことを述べるのは困難であるが、遅くとも明治初期の琉球藩の設置及びこれに続く沖縄県の設置のときには日本国の一部であったことは確かである」という答弁を、平成一八年一一月一〇日の第一次安倍晋三内閣で閣議決定まで行った公式見解としていました。

このような答弁は、外務省の回答と同様に、琉球処分国際法違反に政府がお墨付きを与えるような、非常に危険な歴史観です。この答弁が旧・民主党政権下で閣議決定されたならともかく、驚くことに戦後レジームからの脱却をスローガンにした第一次安倍政権での答弁なのです。戦後日本の自虐史観教育の浸透の根深さを痛感せざるを得ません。

前述したように、その政府見解が正されたからには、学校教育の見直しも急務であり、日本人自身が「沖縄は数百年前から日本である」と理論武装をした上で、歴史的事実に基づいた真の歴史観を多くの人に広めていく必要性があります。本土と沖縄の見解を一つにし、一致団結することが、中国が仕掛ける歴史戦に勝利することにつながります。

イギリス軍艦の琉球来航

■ヨーロッパ人の琉球観を確立したバジル・ホール

琉球には、ペリー来航よりも三七年も前にイギリス軍艦が来航しました。一八一六年に琉球に現れた、アルセステ号とライラ号です。この時以降、イギリス船が頻繁に琉球に来航することになります。イギリスと、日本の最南端・琉球では、既に交流が始まっていたのです。

ライラ号の艦長であるバジル・ホールは、東シナ海海域の探検・調査のため朝鮮の西海岸と琉球王国に寄港し、四〇日あまりの間、那覇に滞在しました。琉球では、中国語のできる真栄平房昭を通事として交流を深め、朝鮮で冷たくあしらわれた後だけに、琉球にとても良い印象を持ったようです。真栄平と共に対応した安仁屋政輔の二人は、非常な熱心さで英語を習い、船が港に停泊しているわずかな期間で、意思の疎通ができるほどの英語を習得したそうです。

ホールは、帰国後の一八一八年にその時の記録を『朝鮮・琉球航海記』としてロンドンで出版しました。琉球役人のマナーの良さ、優秀さを好意的な視点で書いた同書は、大いに反響を呼びました。このため、出版から二年も経たないうちにオランダ語、ドイツ語、イタリア語など数カ国語に翻訳出版され、何度も版を重ねて、ヨーロッパ人の琉球理解のバイブル的存在になったそうです。

一八二六年の第三版には、ナポレオンとの会見録が追加収録され、「琉球には武器がなく、戦争をしたことがない」「住民は通貨の使用を知らず、物を与えても代償をとらない」ことなどを報告したようです。ただ、実際は琉球人は武器については無知を装っていただけで、物品の代償を取ると外国と交易が発生してしまうという恐れから代償を取らなかっただけです。つまり、表面だけで判断したホールの誤解が、ナポレオンに報告されたのです。この、ホールの「武器がない琉球」という話が左派勢力に利用され、「非武装中立の琉球王国に戻れ」など、基地は要らないとするための論拠に使われてしまっているのは残念です。

■イギリス商船ブラザーズ号の来航

一八一九年に、イギリス商船ブラザーズ号（艦長：ゴルドン）が琉球にやって来ました。ブラザーズ号は前年には浦賀にも立ち寄ったようです。琉球への寄港は、補給物質の確保と貿易の許可のためでした。船乗りたちは、琉球人の幾人かが、やや稚拙ながら英語を口にするのを見て、驚きを隠せませんでした。彼らは、アルセステ号とライラ号関連の海図やノートを、誇らしげに差し出しました。後年、乗組員のウィリアム・アプトン・エディスは、その時のことを以下のように記して発表しています。

彼らは船を去るとき、貴殿らが上陸をすると色々うるさいので、そのようなことのないようにと私に頼み込むように言ってきた。私は笑いながら、いや、明日君らと一緒に行くからと言ってやった。そして、互いに頭を下げ、握手し合ったものだが、彼らが西洋式のマナーを身につけているのは意外だった。彼らの親切で丁重な物腰にはもっと驚いた。（中略）こと貿易ということになると、全く可能性のないことがわかったので、翌朝那覇を発った。たった四四時間の滞在では、島の人の節度ある物腰と礼節に溢れ、どちらかといえば洗練されたその様子に驚きを隠せなかったという以外になにか役に立つような新たな情報に接することができなかった。彼らは生まれながらにして徳義心を身につけているかのようで、いわゆる我々の知る文明という名の悪徳など持ち合わせがないかのようだった。攻撃用の武器という類のものには気づかなかった。

（ジョージ・H・カー著『島人の歴史』）

最後の方の「文明という名の悪徳を身につけていない」というくだりは少し皮肉にも聞こえますが、総じて琉球人のマナーの良さ、洗練された物腰や礼節を称賛しています。ヨーロッパ人にとっては極東の小さな島、文明の影響が及ばないような琉球に、このように品格を備えた人たちが住んでいることに素直に驚き、感銘を受けたのだろうと想像できます。

■イギリス探検船ブロッサム号の来航

一八二七年には、イギリス軍艦ブロッサム号（艦長：フレデリック・ビーチー）が琉球に二度来航します。艦長ビーチーは、ホールなどの本によって、真栄平や安仁屋のことを知っていました。彼は、寄港時に相次いでやってくる琉球役人の中に安仁屋を見いだします。イギリス人の間でいかにホールの航海記がよく読まれていたかが窺えるエピソードです。

ビーチーも、のちに航海記を刊行しています。その中でビーチーは、一行の中の病人を気遣う「情け深いルーチューの人たち」が看病に精を出してくれたことを次のように記しています。

この良心的な人々は、我々よそ者の出現で、不安や落ち着かぬ状況にあって、なお病人の介護で忙しそうに立ち働いてくれた。そして我々の出港の時が迫ると知るや、いつもはそそくさと退去するのに、今度はなかなか立ち去ろうとしなかった。いよいよその日が来ると、温かく節度あふれる態度で別れを惜しむといった表情を見せ、キャプテンビーチーはじめ居並ぶ将官の一人一人の手を強く握りしめた。そして各将官に記念の印にちょっとした贈り物をぜひ受け取って欲しいと頼み込んでいた。彼らがボートに乗り移り、我々の停泊地点を離れ始めると前回と同じように人々が屋根や墓の上、岩礁の上など見晴らしのいいところから日傘や扇子をふっていた。

（ジョージ・H・カー著『島人の歴史』）

なんとまあ、琉球人の人の良さが伝わってくる記述ではないでしょうか。ちなみにブロッサム号は当時無人島であった小笠原諸島にも入港し、そこをイギリス領であると宣言しました。ビーチーは新島発見と勘違いしたようで、この領有宣言は、イギリス政府から正式には認証されなかったようです。

その時点で無人島を伊豆藩の管轄下においてから一五三年も経っていたが、幕府にはそれを主張する手段も関心もなかった。

（ロバート・D・エルドリッヂ著『硫黄島と小笠原をめぐる日米関係』）

小笠原はその後、ハワイ系アメリカ人が移住し、開拓を始めましたが、その帰属問題が解決したのは、明治政府が一八七六年、正式に諸外国に日本の領土を宣言した時です。戦後、沖縄と同じく占領軍の統治を経験した小笠原諸島も、明治維新による近代国家成立時に初めて、国境の島の守りを意識した明治政府の統治下に組み込まれたことが理解できます。

■イギリス東インド会社商船アマースト号とアメリカ商船モリソン号

一八三二年にやって来たのは、イギリス東インド会社のロード・アマースト号（代表：リンゼイ、宣教師：ギュッツラフ）です。宣教師のチャールズ・ギュッツラフは、鎖国中の日本へのキリスト教の布教を目的に入国を試みましたが、実現しませんでした。

その後、琉球の那覇へ寄港し、臨海寺の近くに上陸します。しかし、言葉の壁に阻まれ、どうすることもできませんでした。清国に戻ったギュッツラフは、日本人の三人の漂流漁民であった音吉、岩吉、久吉を引き取り、彼らから日本語を学び、最初に聖書を日本語に翻訳した人物となりました。ギュッツラフは、通事・安仁屋について以下の通りに発言しています。

広東ではヨーロッパ諸国との交易について色々と質問攻めにあったが、彼らがかなり地理上の知識を持っていることがわかった。政治についても中々の雄弁ぶり、中国が英国より近くに位置するので、中国との友好関係をより大事にしたい、という彼らの気持ちが理解できた。中国からは紅毛人との付き合いは程々にしろとの厳しい指令をうけているに違いなかったが、気のいい彼らはお構いなしといったふうだった。安仁屋は福州でもあっているが、中国との交易事情についてはしばしば口にしていたものの、日本との付き合いは全く無いと言ってはばからなかった。那覇の港に停泊中の三艘の帆船は薩摩のもので、嵐に遭遇し、急遽この港にたどり着いたものだとも……。

（ジョージ・H・カー著『島人の歴史』）

彼の記述からは、薩摩との関係をひた隠しにしていた琉球役人の言い訳が、滑稽なほどわざとらしいものとして伝わって来ます。また、当時の欧米は、薩摩と琉球との関係が深いことをつかんでいたようにも取ることができます。ギュッツラフは琉球人の行儀の良さを絶賛し、長い航海で遭遇したどの民族よりも友好的で親切な人たちだと言明できるとさえ書いています。

その後一八三七年に、前出の音吉ら日本人漂流民七人を乗せたアメリカ商船モリソン号（船長インガソル）が、那覇で宣教師ギュッツラフを乗せたイギリス軍艦ラーリー号と合流しました。ギュッツラフはモリソン号に移乗し、改めて日本へ向かいました。

今回の異国船来航は嵐や難船によるものではない。ラーリー号は日本が幾世紀にもわたって自国の領土だとしている小笠原諸島を制圧せんとのうごきにある。モリソン号は日本の鎖国令に挑戦せんとの勢いにある。両船は初めから沖縄で合流する計画で那覇に至ったのだった。ラーリー号とモリソン号が那覇に停泊中だということは、すぐに薩摩と江戸に伝えられた。

今回の来訪でパーカー、ウィリアムズ、ギュッツラフらは沖縄人の生活に薩摩がどのように関わっているのか、厳しい経済状況のなかで薩摩への税納と入貢の義務を果たさねばならぬことでいかに苦渋を強いられているかに気づいている。沖縄と薩摩との結びつきの深さにも気づいた。これは沖縄側がひた隠しにしてきていることだが、最早隠しようがない。この新たな知識は、沖縄を起点に神の教えが日本へ届く可能性を示唆していた。沖縄人の改宗者と聖書とが鹿児島を経て日本へ侵入し得よう（と彼らは考えた）。教義上の異国制覇という広範な戦略が形を整えつつあった。

（ジョージ・H・カー著『島人の歴史』）

モリソン号は、こうした鎖国への挑戦を、日本人漂流民を届けるという名目で達成しようと試みました。

しかし、予期せぬ砲撃にさらされます。幕府が異国船打払令を実行したのです。これをモリソン号事件と言います。モリソン号は軍艦ではなく非武装の商船であり、日本人漂流民をわざわざ送り届けに来たことがのちに判明すると、渡辺崋山、高野長英らが幕府の政策を批判する著書を記しました。そのため、幕府により逮捕されるという「蛮社の獄」が起きました。

モリソン号は、沖縄を日本侵入の窓口にしようと目論んでいたようですが、これは現代中国の戦略と通じるものがあります。沖縄は、現代日本への侵入窓口でもあるのです。

■イギリス海軍輸送船インディアン・オーク号の遭難

一八四〇年、阿片戦争に参加していたイギリス海軍の輸送船インディアン・オーク号が、移動中に台風に遭遇し、琉球まで漂流、沖縄県中部の北谷《ちゃたん》沖で座礁・沈没という悲劇的な海難事故に遭いました。当時のアジアやヨーロッパでは、難破船は略奪される運命でしたが、北谷の村民たちは船を失った乗組員六七名全員を救出し、帰国するまでの四五日間、衣食住を与え手厚くもてなしました。また、帰国に際しても、琉球船を乗組員に提供しました。清との貿易を行っていた琉球は、イギリスが清の敵対国であることを知りながら、このような手厚い保護を行ったのでした。

そのうえ、「島の人の正直で親切なことは筆舌に尽くしがたい。船から投げ出された金、銀、衣服など何一つ手を触れられた形跡も紛失もなかった」と乗組員ボウマンが証言しました。当時の琉球人のモラルの高さが窺えます。

過去に来航したイギリス船の琉球への好印象と、このようなインディアン・オーク号の救出のこともあり、イギリスでは「琉球人はサマリア人である」と言われていたようです。サマリア人とは、良き隣人を例える言葉であり、これによりさらにイギリスと琉球の関係が深まっていきますが、それは琉球人たちが願わない方向へ進んでいくのでした。

ちなみに現在、北谷町のアラハビーチ内には、インディアン・オーク号を模して復元された帆船と石碑が設置されています。また、座礁現場となった北谷沖の海底には、インディアン・オーク号の銅板などの残骸や清朝の磁器や陶器などの積み荷が残されています。沖縄県立博物館・美術館には、その一部が収蔵品として保管されています。

■クリフォード大尉の琉球ミッション

前出のバジル・ホール艦長と共に一八一六年に琉球を訪れた元海軍大尉クリフォードは、帰国後に退役しましたが、琉球住民のことを忘れることができなかったそうです。そのため、彼はイギリス人が琉球住民から受けた数々の恩義に対する返礼として、真の神の福音（キリスト教）を琉球に送ろうと決心しました。

そこで彼は、琉球におけるキリスト教の布教を唯一の目的とする「琉球海軍伝道会」を設立しました。琉球海軍伝道会は、琉球住民から受けた恩義への報恩のための献金を世に訴えました。彼のアピールは多大な反響を呼び、相当な献金が集まりました。この琉球ミッションを達成させるため、布教の地・琉球へ送る人物として選ばれたのが、宣教師でもあり医者でもある前出のベッテルハイムでした。

恩に報いることが自分たちの宗教を伝えることだ、としたところに、今も昔も一神教の独善性を感じるのは私だけでしょうか？

鎖国体制にあり、禁教令下の琉球にとってベッテルハイムの来琉は迷惑であり、彼はやっかいものであり、常に監視対象でした。海外情報に通じていた当時の琉球、薩摩の人々は、西洋人が片手にキリスト教を持ちながら、もう一方の手には植民地支配を目論んで武器を持っていることを見抜いていたのでしょう。琉球にとって、伝道会の押し付けがましいミッションは、恩が仇で跳ね返ってくる気がしたと思われます。

一八四六年、ベッテルハイム一家（妻と二人の子供）は、香港で雇った中国語の通訳と共にイギリス船スターリング号に乗って琉球にやってきました。任地を目前にして胸を躍らせていたベッテルハイムを港で待っていたのは、琉球側の丁重なる退去要請でした。

実はその二年前に、フランス軍艦でやって来たフランス人宣教師フォルカードが那覇の泊《とまり》にある天久聖現寺《あめくしょうげんじ》に滞在しており、琉球側はその対応にも難渋していたからでした。しかしベッテルハイムは、強引に那覇港に上陸してしまいました。ベッテルハイムの琉球伝道生活は、最初から琉球側との衝突で始まったのです。

やがて一家は波之上の護国寺を住居とし、ここで八年余の苦渋に満ちた生活を始めました。護国寺境内の前後には番所が常設され、警吏が詰めて一家の行動を厳重に監視しました。外出の際にも常に尾行がつき、住民との接触は警吏により妨害されました。それでも約一年半は比較的自由に行動でき、布教と施療を通して多くの住民と接触したようです。

ところが一八四七年、国王・尚育《しょういく》の国葬の際に、国王の葬儀に参加しようとしたベッテルハイム夫妻と二人の仏宣教師が、首里の入口で群衆に囲まれて殴打される事件が起きました。それ以来、官憲の英仏人に対する監視体制が強化され、住民との接触がほとんど断たれて、英仏宣教師の行動は著しく制限されました。

しかし、ベッテルハイムはあらゆる妨害に屈せず、一八五四年に琉球を去るまで、精力的かつ強引に、街頭での説教や那覇の民家への宗教冊子の投入を超人的に続けました。医師としての活動にも顕著なものがあり、伝道活動の際に薬箱も携帯し、随時那覇の庶民へ施療をしました。また一八四八年頃、那覇の医師・仲地紀仁《なかちきじん》と交友を結び、仲地医師を通して沖縄における最初（日本で初めて）の西洋式の牛痘法を導入しました。

繰り返しますが、ベッテルハイムは滞在中に琉球と薩摩の関係を見抜き、関係を隠したい琉球にとっては厄介者であり、イギリスと琉球との外交問題になりました。最終的にベッテルハイムはペリーが連れて帰り、琉球ミッションはその目的を果たせずに終了することとなりました。琉球の人たちのイギリス人への友好的な態度が、逆にイギリスの拡張主義に大義名分を与えてしまったのです。

現代日本においての節操のない友好主義は、逆に望まない結果を招いてしまう危険性があると歴史は物語っているようです。隣国だから仲良くしなければならないという思い込みを捨て、価値観を共有できない国とは距離を置くことも大事だと、肝に銘じなければならないと感じさせられます。

■「バジル・ホールの孫」チェンバレンの功績

一八九三（明治二六）年、一人の男が設置されて十余年の沖縄県に姿を現しました。彼の名前はバジル・ホール・チェンバレン。一八一六年に琉球に来航し、琉球を西洋世界に紹介したバジル・ホールの孫です。

一八七三（明治六）年に「お雇い外国人」として来日したチェンバレンは、東京の海軍兵学校で外国人教師として働きました。一八八三（明治一六）年には古事記を英訳、日本の国歌「君が代」の英訳をしたことでも有名です。チェンバレンがその半生を日本学、琉球学に捧げる素地となったのが、やはり母方の祖父であるバジル・ホールの著書であり、ラフカディオ・ハーン（小泉八雲）宛の私信でも、「沖縄をはじめとする南の島々への自分の深い関心は『遺伝的なもの』である」と告白しています。

チェンバレンの沖縄での最大の功績が、「日本語の姉妹語～琉球語の発見」です。姉妹語とは同じ祖語を持つ言語であり、非常に近い関係にあるということです。ここでは琉球語という言葉を使っていますが、要するに、「ウチナーグチ」が日本の一地方の方言であることを文法の類似性から導き出しているのです。

彼によると、琉球は言語においても民族においても古代日本と姉妹関係にあり、九州の民族が東上した際についていけなかったものが琉球語として琉球に残っているという仮説を立て、日本語と琉球語が同じ祖語から分かれた方言であることを学問的に立証しました。

彼は琉球語を、平安朝を中心とするいわゆる中古期の日本語と比較し、現代日本語からはすでに消滅して久しい文法法則が現代琉球語に厳然たる姿で残存することを明らかにしたのです。かつてチェンバレンに教えられ、この文法法則を発展させたのが、沖縄学の権威・伊波《いは》普猷《ふゆう》です。沖縄の方言の文法を初めて研究した人物が、沖縄人でも日本本土の人でもなく異国人のチェンバレンであった点は、非常に興味深い事実です。

現代沖縄においてなされている国連の先住民族勧告、その後ユネスコにより消滅の危機にある言語として指定された琉球語。これらの根っこにあるのは、本土と沖縄を分断する意図を持った工作です。かつての琉球には、日本人ではない独自の言語を持った先住民である琉球民族が住んでいて、その先住民としての権利と言語を日本に奪われたままであるから、これを取り返さなければならない。そのような理屈を持つ工作の最終的な行き先は、琉球独立です。翁長知事が那覇市長時代に始めた「しまくとぅば運動」も、同様の意図を持つ琉球独立工作の一部です。

チェンバレンの研究により、琉球語は日本語と同じ祖語を持つ姉妹語であり、同じ祖語から分かれた方言であるとの学術的な結論が出ています。独立工作派の主張とは、さかさまが真実であることを物語っています。沖縄を守るためにも、このような理論武装が必要です。

三章　沖縄県祖国復帰の真実

沖縄復帰闘争の背後に毛沢東あり

■日本共産党に乗っ取られていた沖縄県祖国復帰運動

いまから五〇年前、現在の沖縄問題とそっくりな政治状況がありました。また、その時にも「オール沖縄会議」とそっくりな組織もありました。

その組織は「沖縄県祖国復帰協議会（復帰協）」です。その組織名を聞くと、右も左もない沖縄の総意で作られた組織だとほとんどの人は勘違いすることでしょう。しかし、実は現在の「島ぐるみ会議」や「オール沖縄会議」と全く同じく、革新勢力の統一組織だったのです。

復帰協による反政府闘争が激しくなるのは、一九六七年頃からです。この頃から既に、沖縄の「左翼マスコミ」＋「左翼政治家」＋「プロ左翼活動家」がタッグを組んだマッチポンプ体制が完成しており、彼等の主張を沖縄の総意のように全国発信していたのです。ということは、既にこの頃から沖縄は左翼に乗っ取られ、彼らの反政府闘争の基地として利用され続けてきたのです。

ほとんどの保守政治家は、沖縄問題に対して苦手意識を持っています。その原因は、沖縄県復帰の大衆運動に積極的に関わっていなかったが故に、当時の沖縄で何が起きていたのか、その本当の歴史を知らず、誰も語り継ぐことができなかったことにあるのではないかと思います。

私は、戦後の保守運動の最大の失敗の一つは、沖縄県祖国復帰運動を共産主義勢力に乗っ取られたことだと認識しています。本来、米軍により分断統治された沖縄を復帰させるのは、愛国者や保守政党の役割であったはずです。

しかし、日米同盟を優先させ、復帰は時期尚早という見解が強く、躊躇《ちゅうちょ》している間に、共産党や社会党は沖縄に革新統一組織の復帰協を立ち上げ、沖縄県民の愛国心を利用して復帰の大衆運動を扇動したのです。

米軍統治下での沖縄祖国復帰運動ほど、簡単に扇動できる運動はなかったのではないかと思います。なぜなら、当時の沖縄県民は、日本人としての誇りを持って、心から日本復帰を望んでいたのですから。

■公開された機密文書からわかる「祖国復帰運動」の実態

沖縄県祖国復帰が共産主義勢力の運動だったとは、にわかには信じがたいことだと思います。それを理解していただくために、いくつかの証拠を示します。まず、NHKが報道した、二〇一一（平成二三）年に公開された外交文書のニュースを抜粋して紹介します。

沖縄返還交渉に関連して一九六七年七月に当時の下田駐米大使に三木外務大臣が宛てた公電です。「日米友好関係に反対する勢力が安保条約の延長問題で沖縄問題を喧伝する危険性がある」として「沖縄返還問題が一九七〇年の安保条約の延長に影響しかねない」という懸念をアメリカ側に伝えるよう指示していました。その四カ月後、佐藤総理大臣がアメリカのラスク国務長官と会談。「国民の熱意と安全保障の二つが達成される方法を考えたい。一歩誤れば大変なことになり社会党、共産党の期待するところに陥る」と述べていました。さらに佐藤総理大臣は翌年、一九六八年に沖縄を統治していたアンガー高等弁務官に対し「沖縄の感情も即時返還という結論を出している。野党はかかる沖縄住民の気持ちを巧みに利用し扇動しようと動いている」と伝えていました。

このニュースを見ると、沖縄県祖国復帰運動の実態は安保闘争だったことがわかります。それは現在、日本政府が抱える沖縄問題と瓜二つの状態なのです。

現在は、沖縄で辺野古移設阻止闘争が起きていますが、その実態は沖縄を利用した安保闘争であり、安倍倒閣運動なのです。佐藤栄作首相の「野党が沖縄の人たちの気持ちを巧みに利用し扇動している」「一歩誤れば社会党、共産党の期待するところに陥る」という言葉は、今の沖縄で起きていることと全く同じなのです。

■復帰協の真の目標とは？

私の手元に『沖縄県祖国復帰闘争史・資料編』（沖縄時事出版）という分厚い本があります。一九六〇（昭和三五）年から一九七七（昭和五二）年の間の復帰協の活動資料をまとめて編纂したものです。

その中で、この組織の本質を物語っている、一九六九（昭和四四）年の総会で発表された四つの基本目標を紹介します。

一つ目が「対日平和条約三条の撤廃」です。これは沖縄が米軍統治に置かれる根拠となったサンフランシスコ講和条約の三条の撤廃なので、沖縄復帰運動の核であり、問題はありません。

二つ目が「日本国憲法の適用」です。これも問題ありません。

問題なのは、三番目の「軍事基地撤去」と、四番目の「日米安保条約の廃棄」です。彼らの本音としては、三番目と四番目が本当の目標であり、一番目と二番目は沖縄県民を扇動するための釣り餌のようなものだったのです。

復帰協の運動目標は、一九六〇（昭和三五）年の発足当初は三点のスローガンのみで、非常にシンプルで、誰もが反対できないものでありました。

一、平和条約三条の撤廃または、権利を放棄させよう。
二、祖国復帰に備えて、あらゆる立場から万全の体制を作ろう。
三、祖国九千万同胞と共に団結して、復帰の実現を図ろう。

しかし、毎年四月二八日に総会が開かれ、新たなスローガンや目標が追加されていきます。当初は、国政参加や主席公選制など自治権を求める目標が追加され、ベトナム戦争での米軍による北爆の始まる直前の一九六四（昭和三九）年から原水爆基地撤去が目標に加わり、一九六七（昭和四二）年には臨時総会を開き「即時無条件全面返還」というスローガンが掲げられ、安保闘争モードにシフトしていきました。

このように段階を追って、運動の盛り上がりとともに沖縄の大衆を扇動していき、いつの間にか純粋な沖縄県民が安保闘争に駆り出されていったのです。

■毛沢東が沖縄県祖国復帰運動を裏で糸を引いた証拠三点

さらに沖縄県祖国復帰運動の背後には、毛沢東や中国共産党が関与していた事実があります。私が入手したその証拠を示します。まず第一点目が、一九六四（昭和三九）年一月二七日の人民日報に掲載された毛沢東による日本の愛国運動支持声明です。現在は、中国共産党新聞の毛沢東文集第八巻に収められており、ネットでも閲覧可能です。

毛沢東：「中国人民は日本人民の偉大なる愛国闘争を断固支持する」

日本の人々が一月二六日に開催した大反米デモは、偉大なる愛国運動である。中国人民を代表して日本の英雄の皆様に敬意を表明します。最近、日本では、米国に対して大規模な大衆運動を開始し、米国のF一〇五D型核搭載戦闘機と原子力潜水艦の日本駐留反対、全ての米軍基地の撤去要求と米軍武装部隊の撤退の要求、日本の領土沖縄の返還要求、日米安全保障条約の廃止、等々。全てこれは日本人民の意思と願望を反映している。中国人民は心から日本の正義の戦いを支援します。（以下省略）

この記事から次のことがわかります。

一つ目は、一九六四（昭和三九）年の時点で東京の安保闘争、沖縄の復帰闘争の動きが、翌日には毛沢東に報告される情報網が構築されていたこと。

　二つ目は、現在の中国国内では、琉球は古来よりチャイナの一部であると主張しているが、毛沢東は沖縄を日本に返すべきだと主張していたのであり、矛盾があるということです。

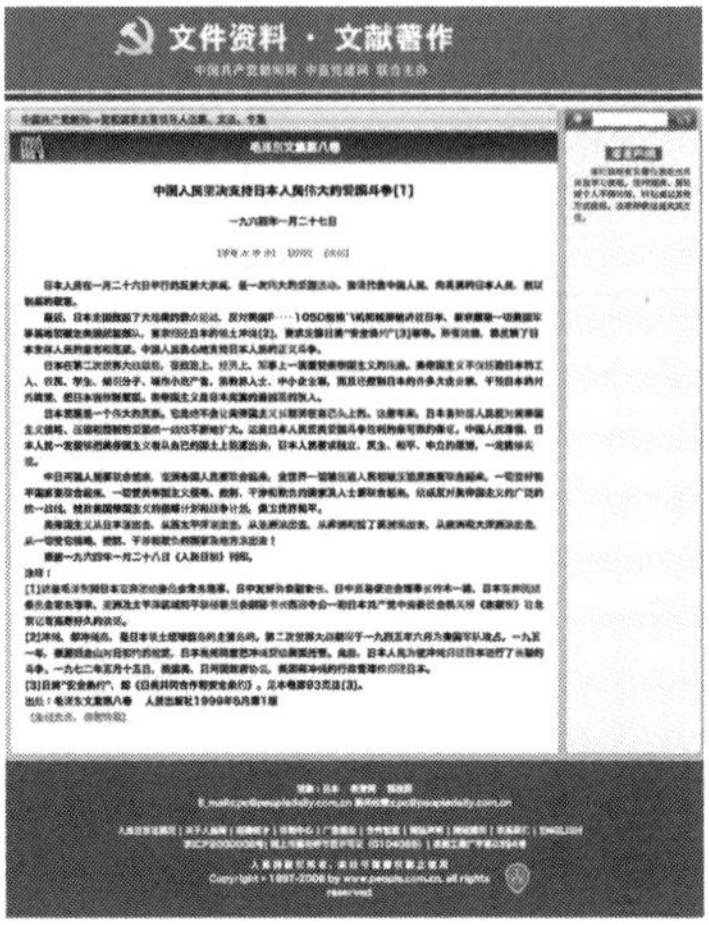

中国共産党新聞・毛沢東文集第八巻

　その証拠は、中国の抗日戦争勝利二〇周年の記念切手です。二人の男性が腕を組んで拳を振り上げている絵があり、切手の上側には、中国語で「中日両国人民は共通の敵である米帝国主義に反対しよう」と書かれています。男性の一人は赤い小旗を振り、もう一人の男性は日本語で「沖縄を返せ」と書かれている襷《たすき》をかけているのです。これは、中国と日本と連帯して沖縄から米軍を追い出すというシンボル以外の何者でもありません。

　前述の復帰協の資料を見ると、米国の中国敵視政策に反対しようというスローガンや、日中国交回復を喜ぶようなメッセージなどがあり、明らかに反米・親中の傾向があったのも、この切手を見るとうなずけます。

最後に三点目の証拠です。東京大学の石井明教授が二〇一〇（平成二二）年に『境界研究』という雑誌に寄稿した、「中国の琉球・沖縄政策」という論文です。以下抜粋して紹介します。

一九七二年に入り、現実に沖縄返還が近づくと、中国は沖縄の代表団を招いている。同年一月一二日、沖縄県中国友好訪問団（団長仲吉良新《なかよしりょうしん》以下九名）が中日友好協会の招きで出発し、二月一日帰国しているが、その間、一月二一日、この代表団は社会党一年生議員訪中団、総評・中立労連代表団とともに周恩来に会見している。周恩来は「日本人民の北方領土返還要求を支持する」と語ったほか、沖縄問題に関しては、いわゆる沖縄返還協定はペテンであるが、しかし、これは返還の始まりとみることができる、と述べている。沖縄返還の闘いが終わったわけではなく、今回の「沖縄返還」を一つのステップにして、沖縄人民の求める形の沖縄を取り戻す闘いはこれからも続く、という趣旨にも受取れる。沖縄代表団は翌日、一月二二日、沖縄の反米・本土復帰闘争報告会に出席するのだが（以下省略）

文中に出てくる沖縄県中国友好訪問団団長の仲吉良新は、復帰協の資料を見ると、大会のたびに、県労協議長として挨拶をしていました。

この論文からわかることは、沖縄祖国復帰運動のリーダーは中国共産党から指示を受け、報告する立場にあったということです。そして、そのパイプは復帰後も維持しており、現在も後任の組織に引き継いだ形で、指揮命令系統として機能している可能性が高いということです。

■軍拡・外交・謀略を連携させた毛沢東の戦略

ここで、一九六〇年代以降の毛沢東の戦略を鳥瞰してみましょう。

まず、ソ連に依存せず、自国での核ミサイルの開発を急ぎました。一九六四（昭和三九）年には核実験に成功、一九七〇（昭和四五）年には人工衛星の打ち上げに成功し、事実上の戦略核保有国になりました。

同じ時期に、日中国交正常化の働きかけを続けていました。

さらに石井教授の論文で解説しているように、沖縄県祖国復帰運動を含む日米安全保障条約の廃棄を実現するため、さまざまな動きをしていたのです。

つまり、「軍拡」「外交」「謀略」の三つの戦略を同時に行い、東アジアの秩序の大転換を図っていたのです。その結果、軍拡と日中国交回復は成功し、日米安保破棄は失敗しました。

もし、この三点が全て成功していたら、既に今の日本という国はなくなっていたことでしょう。しかし、二点のみの成功でも、実際に東アジアの秩序が大転換したことを、見逃してはなりません。

まず、一九七一（昭和四六）年一〇月二五日、中華人民共和国が国連常任理事国となり、中華民国は追放されました。続いて一九七二（昭和四七）年二月、ニクソン大統領が毛沢東と会談し、米中国交回復路線が決定的になりました。さらに同年九月二九日、日中共同声明が発表され、日中の国交が正常化しました。もちろん、その大転換の流れの中には、一九七二（昭和四七）年五月一五日の沖縄県祖国復帰も含まれています。

このように一九七一年、七二年の二年間で、東アジアの秩序が大転換（中国のプレゼンスが強まり、米国がアジアの影響力を弱める方向に）したのです。

私は、この動きを「第一次中国軍拡ショック」と名づけたいと思っています。なぜなら、これらの国際秩序の大転換の最大の源泉は、中国の核兵器開発の成功であり、国際社会が中国を正式な国として認め始めた理由だからです。そして、「第一次」と冠を称するのは、現在の東アジアは「第二次軍拡ショック」のまっただ中にあるからです。

現在中国は、海軍、サイバー軍という「軍拡」、そして琉球独立という「謀略」、そしてポツダム宣言を戦後国際秩序としサンフランシスコ講和条約を無効とするような「外交」、さらには国際法律戦も進めています。日本政府、外務省はこれらの動きを軽視していると、数年後に再び東アジアでは中国のプレゼンスが強まり、米国の影響力がさらに弱まる方向に大転換することになることでしょう。

■沖縄復帰の実現で方針転換した毛沢東の謀略

沖縄返還協定は、一九七一（昭和四六）年六月一七日に日米間で調印されました。その直後、本来最も喜ぶべき沖縄では、逆に激しいデモやストライキが続きました。しかし、佐藤栄作政権はこの難局を乗り切って、一一月一七日に衆議院特別委員会で沖縄県返還協定の批准を可決、二四日衆議院本会議で可決、続いて一二月二二日に参議院で可決し、沖縄県の祖国復帰が、在沖米軍の基地機能を維持したまま実現することに成功したのです。

これで困ったのが、日米安保破棄を目的に沖縄の復帰運動を扇動していた毛沢東です。この直後の中国の対日外交は、この失敗の取り返しを意図していることは想像に難くありません。

その直後の一二月三〇日、中国政府は尖閣諸島の領有を主張。これまで、沖縄の復帰を支持していた毛沢東の方針転換です。続いて田中角栄首相のもと日中国交正常化に急ぐ日本政府と、日中共同声明を発表しました。その中には、日本に気がつかないように、ある時限爆弾が埋め込まれていました。それが、最も危険な第二項です。

そこには、「日本国政府は、この中華人民共和国政府の立場を十分理解し、尊重し、ポツダム宣言第八項に基づく立場を堅持する」とあります。日本政府には言い分があるかもしれませんが、現在中国は、これを根拠にサンフランシスコ講和条約を無効化しようと企《たくら》んでいます。つまり、「日本との講和条約は日中共同声明であり、中国にとってサンフランシスコ講和条約は関係ない」、さらに「米国が三条の権利を放棄した沖縄返還協定も無関係である」、よって「日米はポツダム宣言とカイロ宣言を遵守して琉球の主権を放棄せよ」という法律戦を展開しているのです。

中国政府が二〇一三（平成二五）年九月二五日に公表した「釣魚島（魚釣島の中国での呼び名）は中国固有の領土である白書」がそれです。結局、毛沢東は、沖縄の復帰扇動による日米安保破棄に失敗した直後から一転して、沖縄を日米から引き離す工作を始めていたのです。

■沖縄戦の英霊と沖縄県祖国復帰

ここまで、どのように沖縄県祖国復帰運動が左翼に乗っとられ、その背後には毛沢東の、どのような謀略や戦略があったのかを確認してきました。このねじれた沖縄祖国復帰運動の歴史が、左翼が沖縄と相性が良くなり、保守は沖縄問題が苦手になってしまった最大の原因です。

本来、沖縄県祖国復帰は日本民族の再統一の歴史であり、日本国民全員にとって大切な歴史です。沖縄を左翼から取り戻すためにはまず、沖縄祖国復帰の歴史を取り戻さなければなりません。沖縄県祖国復帰と沖縄戦の歴史は、分けて考えることはできません。

沖縄戦は、人類史上最大ともいえる激戦で、戦死者数には諸説ありますが、少なくとも日米双方で合計二〇万人以上もの方が戦死しました。そのうち、沖縄県民だけで一二万人以上の方が戦死しましたが、沖縄戦で戦死したのは沖縄県民だけではありません。沖縄県外の四六都道府県出身の戦死者も、六万六〇〇〇人以上にのぼるのです。

その中で最も戦死者が多い都道府県は、最も沖縄から離れている北海道で、その数は一万人を超えるのです。この六万六〇〇〇人の中には、九州から沖縄に向かって飛び立っていった特攻隊員や、玉砕した愛媛県松山市の第二二連隊も含まれています。これらの事実を知ったならば、沖縄県民は「捨て石になった」などと言うことができないどころか、北海道や愛媛県に足を向けて寝ることができなくなるはずなのです。

次に、沖縄戦の特徴を説明するキーワードをあえて絞り込むと、「官軍民一体」と「学徒隊」の二つの言葉になります。つまり、学徒隊を含む沖縄県民が一丸となって祖国防衛戦を遂行したからこそ、米軍の計画や予想を覆して、三カ月もの長い間、戦うことができたのです。この、沖縄県民の献身的な戦いを見ていた海軍の指揮官がいました。大田実海軍中将です。

■大田実中将の訣別電文と沖縄県祖国復帰

沖縄方面根拠地隊司令官を務めていた大田中将は、官軍民一体となって米軍に立ち向かったものの、奮戦空しく戦況悪化のため、一九四五（昭和二〇）年六月一三日に自決しました。自決の直前に海軍次官宛に発信した訣別電文は、沖縄県民の奮闘の様子を事細かに描写しており、非常に有名です。ここに全文と口語訳を掲載します。

発　沖縄根拠地隊司令官

宛　海軍次官

左ノ電[redacted]次官ニ御通報方取計《とりはからい》ヲ得度《えたし》

沖縄県民ノ実情ニ関シテハ県知事ヨリ報告セラルベキモ　県ニハ既ニ通信力ナク

三二軍司令部又通信ノ余力ナシト認メラルルニ付　本職県知事ノ依頼ヲ受ケタルニ非ザレドモ　現状ヲ看過スルニ忍ビズ　之ニ代ツテ緊急御通知申上グ

沖縄島ニ敵攻略ヲ開始以来　陸海軍方面　防衛戦闘ニ専念シ　県民ニ関シテハ殆ド顧ミルニ暇ナカリキ

然レドモ本職ノ知レル範囲ニ於テハ　県民ハ青壮年ノ全部ヲ防衛召集ニ捧ゲ　残ル老幼婦女子ノミガ相次グ砲爆撃ニ家屋ト家財ノ全部ヲ焼却セラレ　僅ニ身ヲ以テ軍ノ作戦ニ差支ナキ場所ノ小防空壕ニ避難　尚砲爆撃下[redacted]中風雨ニ曝サレツツ乏シキ生活ニ甘ンジアリタリ

而モ若キ婦人ハ卒先軍ニ身ヲ捧ゲ　看護婦烹炊《ほうすい》婦ハ元ヨリ　砲弾運ビ挺身切込隊スラ申出ルモノアリ

所詮敵来リナバ老人子供ハ殺サルベク　婦女子ハ後方ニ運ビ去ラレテ毒牙ニ供セラルベシトテ　親子生別レ　娘ヲ軍衛門ニ捨ツル親アリ

看護婦ニ至リテハ軍移動ニ際シ　衛生兵既ニ出発シ身寄無キ重傷者ヲ助ケテ[redacted]　真面目ニシテ一時ノ感情ニ馳セラレタルモノトハ思ハレズ

更ニ軍ニ於テ作戦ノ大転換アルヤ　自給自足　夜ノ中ニ遥ニ遠隔地方ノ住居地区ヲ指定セラレ輸送力皆無ノ者　黙々トシテ雨中ヲ移動スルアリ　之ヲ要スルニ陸海軍部隊沖縄ニ進駐以来　終止一貫

勤労奉仕　物資節約ヲ強要セラレツツ（一部ハ[redacted]ノ悪評ナキニシモアラザルモ）只管《ひたすら》日本人トシテノ御奉公ノ護ヲ胸ニ抱キツツ　遂ニ[redacted]与ヘ[redacted]コトナクシテ　本戦闘ノ末期ト沖縄島ハ実情形[redacted]

一木一草焦土ト化セン　糧食六月一杯ヲ支フルノミナリト謂フ　沖縄県民斯《か》ク戦ヘリ
県民ニ対シ後世特別ノ御高配ヲ賜ランコトヲ

【口語訳】

次の電文を海軍次官にお知らせくださるよう取り計らってください。
沖縄県民の実情に関しては、知事より報告されるべきですが、すでに通信する力はなく、三二軍（沖縄守備）司令部もまた通信する力がないと認められますので、私は県知事に頼まれた訳ではありませんが現状をそのまま見過ごますことができないので、代わって緊急にお知らせいたします。

沖縄に敵の攻撃が始まって以来、陸海軍とも防衛のための戦闘に専念し、県民に関しては、ほとんどかえりみる余裕もありませんでした。しかし、私の知っている範囲では、県民は青年も壮年も、全部を防衛のためかりだされ、残った老人、子供、女性のみが、相次ぐ砲爆撃で家や財産を焼かれ、わずかに体一つで、軍の作戦の支障にならない場所で小さな防空壕に避難したり、砲爆撃の下でさまよい、雨風にさらされる貧しい生活に甘んじてきました。

しかも、若い女性は進んで軍に身をささげ、看護婦、炊飯婦はもとより、砲弾運びや切り込み隊への参加を申し出る者さえいます。敵がやってくれば、老人や子供は殺され、女性は後方に運び去られて暴行されてしまうからと、親子が生き別れになるのを覚悟で、娘を軍に預ける親もいます。

看護婦にいたっては、軍の移動に際し、衛生兵がすでに出発してしまい、身寄りのない重傷者を助けて共にさまよい歩いています。このような行動は一時の感情にかられてのこととは思えません。さらに、軍において作戦の大きな変更があって、遠く離れた住民地区を指定された時、輸送力のない者は、夜中に自給自足で雨の中を黙々と移動しています。

これをまとめると、陸海軍が沖縄にやってきて以来、県民は最初から最後まで勤労奉仕や物資の節約を強いられ、ご奉公をするのだという一念を胸に抱きながら、ついに（不明）報われることもなく、この戦闘の最後を迎えてしまいました。

沖縄の実績は言葉では形容のしようもありません。一本の木、一本の草さえ全てが焼けてしまい、食べ物も六月一杯を支えるだけということです。

沖縄県民はこのように戦いました。県民に対して後世、特別のご配慮をしてくださいますように。

昭和三一年頃、この訣別電文に心を動かされた政治家がいました。鹿児島出身で沖縄県復帰と同時に初代沖縄開発庁長官に就任した山中貞則氏（鹿児島三区選出）です。山中氏は「あの激戦を戦った将官の中に、県民にこれほど思いを馳せた人がいたのか。これこそ我々が引き継ぐべき沖縄問題の原点ではないか！　それに引き換え今の政府の沖縄対策は、座して見ているだけではないか！」と強く心に思ったのです。

山中氏は一九六四（昭和三九）年一一月、佐藤栄作氏が首相に就任すると、膝詰めで次のように談じ込みました。

「戦後二〇年、歴代首相は誰一人、沖縄へ行っていません。あなたが行って『長い間苦労をかけたが、もう少し待ってくれ』と慰めてください」

佐藤首相は「それをやれば、沖縄に内閣の命運を賭けることになるぞ」と言い、山中氏は「県民が祖国に復帰できるか否かには、内閣の命運をかける価値があります！」と言い返しました。佐藤首相はしばらく考えていましたが、「君が道案内しろ」と沖縄返還に内閣の命運をかける覚悟をしたのです。

こうして、一九六五（昭和四〇）年、佐藤栄作は戦後歴代の総理大臣として、初めて沖縄を訪問したのです。その結果、沖縄返還交渉は大きく前進することになりました（詳細は193頁で後述）。

■復帰協に対抗した本当の復帰運動「沖縄返還協定批准貫徹県民大会」

佐藤首相の沖縄返還交渉が進み、本来なら何の抵抗もなく、スムーズに沖縄の復帰は実現するはずでした。しかし、前述したように、復帰協にとって復帰は目的ではなく、日米安保破棄のための手段でした。そのため、復帰の実現が近づくに連れて、デモやストライキが激しくなってきたのです。

一九七一（昭和四六）年一〇月、沖縄が復帰できる千載一遇のチャンスを失う危機を感じた沖縄の同志が「沖縄返還協定批准貫徹県民大会実行委員会」を立ち上げ、一〇月三一日に与儀公園で一〇〇〇名の大会を開き、一一月三日には代表団八名で上京し、国会や政府に「沖縄県民の本心は全員が復帰を望んでいる」ということを涙ながらに訴え、日米友好関係のもとでの早期批准を要請したのです。

その結果、一一月一七日には政府自民党は大義を得て、沖縄返還協定の批准を強行採決で可決することができたのです。この祖国復帰を実現した重要な運動を報道していたのは「やまと新聞」一紙のみであり、そのため、この事実は歴史に埋もれてしまっているのです。

失敗した蒋介石の琉球独立工作

■国連で先住民代表としての発言を繰り返す国会議員

二〇一六（平成二八）年一月二七日付の琉球新報に、小さな記事ですが、重要なニュースが掲載されていました。二月中旬にジュネーヴで開催される国連女性差別撤廃委員会に、沖縄選出の参議院議員の糸数慶子氏が「日本女性差別撤廃条約ＮＧＯ」の一員として参加し、沖縄の貧困や性暴力被害の根源には米軍基地の存在があることを二分間で訴えるというのです。糸数氏の国連でのスピーチは、二〇一四（平成二六）年の人種差別撤廃委員会と先住民族世界会議に続き三度目です。

彼女は前回の二回とも、日本人ではなく日本の先住民族である琉球民族の代表として、日米両国による差別を訴える発言をしています。今回の新聞記事では隠蔽されていますが、おそらく今回も、日本のマイノリティー民族である琉球民族が、いかに日米両国に米軍基地を押し付けられて差別を受けているかということを、訴えるものと考えられます。

■琉球独立工作を皮肉ったパロディ新聞

このような国連を利用した琉球独立工作は、急に始まったのではありません。これを揶揄《やゆ》したパロディ新聞が、その五年以上前に作られているのです。

それは、二〇一〇（平成二二）年四月二五日の普天間移設反対集会の会場で配られていた、「琉球タイムス」というパロディ新聞です。その大見出しには「国連総会琉球臨時政府承認」と書かれ右側には日米軍事同盟崩壊、普天間飛行場没収と書かれています。以下、本文を抜粋して紹介します。

あくまでもパロディであり、真実ではないので、誤解のないようにご注意願います。

【ニューヨーク発・共同】国際連合は二四日、安全保障理事会とＡＳＥＡＮ（東南アジア諸国連合）からの共同勧告を受けて特別総会を開き、二〇〇六年に独立を宣言し国連への加盟を申請していた琉球臨時政府を賛成多数で可決承認した。現国連加盟国一九三カ国代表のうち日本政府代表のみが反対、他の一九二カ国（委任を含む）全ての政府代表が賛成しほぼ全会一致で承認された。（中略）二〇〇六年に独立を宣言した琉球臨時政府では、翌年から毎年国連への加盟申請をしてきたが、このほど米中正常化を背景に、安全保障理事国の中国とＡＳＥＡＮ諸国からの推薦もあり、国連加盟が実現したもの。その背景には一九九九年から毎年国連経済社会理事会の先住民族部会に状況報告を続けてきたＮＧＯ団体ＡＲＳＲ（琉球民族自決権協会）のねばり強い活動実績がある。（中略）臨時政府は東アジアの軍事的緊張を緩和するため、日米軍事同盟からの離脱を宣言しており、結果的に同軍事同盟は崩壊、普天間飛行場の移設問題も全て日本政府の手から離れ、結果的に琉球民族の自己決定権（民族自決権）を完全行使することが必至となった。

国連総会 琉球臨時政府 加盟承認

普天間飛行場没収

辺之島移設も中止必至

RYUKYU TIMES

パロディ新聞「琉球タイムス」

裏面には「首里城・美《ちゅ》ら海《うみ》水族館も没収へ『旧日本国有財産収用法』初の執行検討」と見出しがあり、以下の文章が書かれています。

【那覇市】琉球臨時政府管財局は、昨年臨時議会で成立した「旧日本国有財産収用法」の初の適用例として「首里城公園」と「海洋博記念公園」の収用を検討している。管財局ではこれを契機に観光局と連携して北部訓練場やキャンプシュワブ、キャンプハンセン、ブルービーチなどの旧米軍施設用地を含めて旧日本国有財産を全て没収する方針を決めており、「琉球の土地はもともと琉球のもの」という「脱植民地主義」の基本精神に基づき同施策の執行を検討するとしている。

これは、あくまでもパロディですが、その実現プロセスは現実とほぼ一致しており、もはや笑い話ではすまされません。まず承認の実現には、名称こそ異なりますが、国連NGOの粘り強い働きかけがあること。米軍基地撤去、日米同盟破棄が琉球独立の目的となっていること。そして、最も重要で見逃してはならないのが、最後の「結果的に琉球民族の自己決定権（民族自決権）を完全行使することが必至となった」という表現です。詳細は221頁にて後述します。

■琉球独立プロパガンダを本格化した中国メディア

このパロディ新聞が配布されてから五カ月後、沖縄で大きな事件が起きました。尖閣諸島沖中国漁船衝突事件です。

通常なら沖縄県民は領土安全保障の危機に気がつき、基地反対運動の声は小さくなるはずです。しかし、逆に普天間の県内移設反対とオスプレイ配備反対の声が異常に大きくなり、エスカレートしていったのです。まさに集団自殺のようです。この異常な動きには、強力で意図的な地元沖縄マスコミの扇動を感じざるを得ません。

同じ時期、中国国内のマスコミでは、新たな捏造報道が始まっていました。琉球独立プロパガンダです。その発信の代表的人物が唐淳風で、肩書は「商務部研究員日本問題専門家」です。彼は尖閣諸島沖中国漁船衝突事件以降、テレビ番組に多数出演し始め、ネットでも「沖縄では琉球独立運動が本格化している」という、真っ赤な嘘を発信し始めたのです。

その代表的な番組に「日本の真相〜琉球独立の背景〜」という番組があります。その動画が中国共産党系のサイト「環球網」にアップされています。その番組の紹介文だけでも驚かされます。

このたび、商務部日本問題専門家・唐淳風先生が、中国は琉球独立運動を支持するべきという視点で環球網のインタビューに答えた。彼は、琉球独立闘争は琉球だけの問題ではなく、圧迫された民族をいかに解放するかという全世界の問題であると指摘。琉球は私たちの血肉を分けた同胞であり、琉球の独立闘争の主な目的は中国の戦略的安全保障にある。（仲村訳）

番組の最初には、「見どころ」として四点が、テロップに箇条書きされています。以下に、私の日本語訳を掲載します。

一、日本は犯罪の歴史を全て覆い隠している。かつて琉球大虐殺があった。
二、琉球経済は立ち遅れている。日本は米軍の存在を言い訳にしている。
三、琉球独立は五年から一〇年の間に実現する。
四、米国は琉球の管理権のみを日本に与えた。

一の琉球大虐殺とは、「第二次大戦の末期に米軍に負けるとわかった日本軍は、沖縄で玉砕令を出して二六万人（二七万という説もある）の琉球人を大虐殺した。それは南京大虐殺に次ぐものである」ということを意味しています。つまり、中国は南京大虐殺プロパガンダの次の、新たなプロパガンダを始めているのです。番組の始まりの方には、「琉球民族は古来より中華民族の一員」というテロップが表示されています。番組の最後には、中国が琉球独立を支持する四大理由をテロップで表示して締めくくっています。

一、日本が第二次大戦で投降したのは事実であり、それを覆すことはできない。
二、日本ではかつて琉球大虐殺があり、大衆の支持を得ていない。
三、日本は琉球に対して植民地統治を実施し、世界はそれを容認していない。

四、現在でも琉球人の七五%が独立を支持している。

よくぞここまで言えるという大嘘の列挙です。ほとんどの沖縄県民が聞いても馬鹿らしくて相手にしないでしょうが、そこがまた危険なのです。

■沖縄県民に受け入れられたことのない琉球独立論

仲井眞弘多《なかいまひろかず》前沖縄県知事は以前、東京のラジオ番組に出演し、次のように述べました。

「琉球独立論は昔からあるにはあったが、笑い話で、酒飲み話としか考えなかった。沖縄で県民投票しても全然ダメだと思いますよ」

では実際はどうなのでしょうか?

沖縄では、過去に琉球独立を公約として選挙に出馬した人たちが存在します。一九五八年に、琉球国民党が「反共」「独立」をスローガンに掲げて結党しましたが、一九六〇年一一月一三日の立法院議員選挙で一議席も確保できず惨敗し、自然消滅しました。

一九六八(昭和四三)年一一月一〇日、第一回行政主席通常選挙が行われました。「即時無条件全面返還」を訴える屋良朝苗氏、「本土との一体化」を訴え諸制度の格差をなくしてからの復帰を訴える西銘《にしめ》順治氏、そして一九七〇年七月に立党した琉球独立党の野底《のそこ》武彦氏の三氏が出馬し、独立を訴える野底氏は得票わずか二七九票で、得票率は〇・一％にも満たない〇・〇六三％で大惨敗、復帰後数年で琉球独立党は活動停止状態になりました。

この野底氏の後継として、屋良朝助《ちょうすけ》氏が二〇〇五（平成一七）年八月に党首に就き、活動を再開しました。二〇〇六（平成一八）年に知事選挙に出馬、得票六二二〇票、得票率〇・九三％で惨敗。彼は、二〇〇八（平成二〇）年に那覇市長選挙にも出馬しました。その時の得票は一七九七票、得票率は一・四％で再び惨敗したのです。

■「海の長城」から「大陸反攻の重要拠点」へと重要度を増した沖縄

このように琉球独立派は沖縄で議席を獲得したことはなく、一度たりとも県民に受け入れられたことはないのです。そうであるなら、琉球独立論が沖縄で自然に発生してくるとは考えにくいです。一体、琉球独立論はどこから湧いて出てきたのでしょうか？

そのルーツを探っていくと、戦後の蒋介石の沖縄工作だという結論にたどり着きます。調査してみると、既に多くの研究者が蒋介石の琉球独立工作を扱っており、学術界では客観的事実となっているようです。今回、以下の研究論文を入手することができました。

『戦後の台琉関係樹立過程～一九五七年前後を中心に～』許育銘（台湾・東華大学、東京大学歴史学系副教授）
『中国の琉球・沖縄政策～琉球・沖縄の帰属問題を中心に～』石井明（東京大学教授）
『沖縄独立論の諸相』仲田清（九州大学院助教授）
『蔡璋と琉球革命同志会・一九四一年～一九四八年』齋藤道彦（中央大学名誉教授）

これらの研究論文をもとに、琉球独立論の背景とルーツを確認してみたいと思います。

まず、終戦直後の中華民国が沖縄をどのような戦略的位置づけと認識していたのかを確認してみましょう。一九四七（昭和二二）年一一月七日付の「中央日報」（南京）では、「琉球を『海の長城』と捉え、琉球の価値は、政治的もしくは経済的な価値はなく、軍事的な価値にある。琉球は中国にとって『東海門戸』（東シナ海に入る玄関口）であり、琉球を保つことができなければ、中国の海岸は丸裸になってしまい、蹂躙されてしまう」と論評しています。これは、今の中華人民共和国の考え方と全く同じです。

また、国民党政府が台湾に移ることにより、さらに沖縄の戦略的価値が高まってきます。「中国国民党第九期中央委員会常務委員会第一六一会議記録」（一九六六年一一月二一日）にファイルされている「海外対匪闘争工作統一指導委員会報告」には、「琉球は我が方の大陸反攻の重要拠点であり、再び日本人の手に落ちるようなことがあってはならず、琉球を赤化させるようなことがあってはならない」とあります。つまり、沖縄を日本に復帰させてもならないし、中華人民共和国に渡してもならないということです。

しかし、今さら沖縄を中華民国に返せとも言えないのです。そこで、中国国民党の沖縄政策は、「反共産主義」と「琉球独立」を旗印とした琉球国民党の結党へと行き着いたのです。

■琉球革命同志会と琉球国民党

琉球国民党の結党は、一九五八（昭和三三）年一一月三〇日です。その母体となったのが琉球革命同志会であり、その中心人物が喜友名《きゆな》嗣正《つぐまさ》です。彼は明から渡ってきた久米三十六姓の家系であり、唐名は蔡璋といい、ハワイのホノルル生まれです。

喜友名は、日中戦争の時に南京の戦線に送られ、そこで発行されていた『大公報』に「反日・反帝」と題した文を発表し、それが蒋介石の目に留まり、国民党兵士の護衛までつける国賓並みの待遇を受けました。蒋介石は、「琉球の解放は民族の解放運動でもあるので、その運動を継続するように」と彼を激励したといいます。

喜友名は、一九四一（昭和一六）年五月に秘密結社・琉球青年同志会を設立すると、自ら理事長となり、沖縄と台湾の間を頻繁に往復していました。大東亜戦争が始まった時期でしたが、この時から「琉球の中華民国への帰還」を呼びかけていました。それだけではなく、戦時中は、中華民国のために沖縄に駐留する日本軍の情報を収集するスパイの任務もありました。

終戦後の一九四五（昭和二〇）年八月、台湾の基隆市を本拠地として「琉球青年同志会」は「琉球革命同志会」と改名しました。

一九四八（昭和二三）年九月には、八日付で中華民国（大陸）の全国各省市参議会宛てに琉球の中国復帰運動への支援要請文を送り、いくつかの省市参議会がこれに呼応しました。その原本の写真と思われるものをネット上で見つけることができましたので、掲載します。以下、要請文の日本語訳（齋藤道彦教授の論文より）を紹介します。

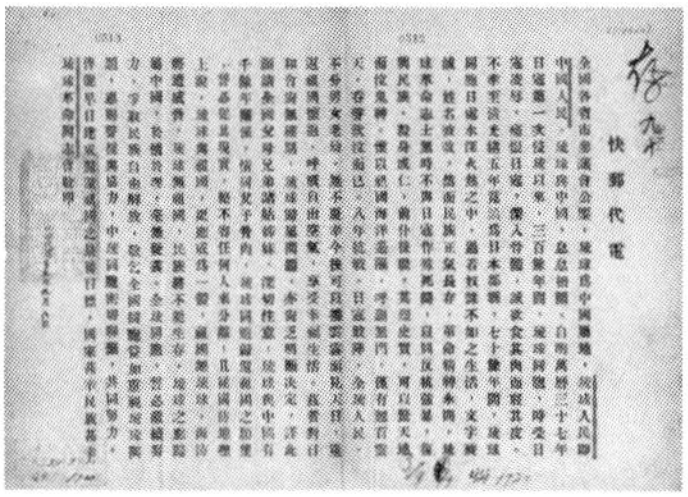

琉球革命同志会による支援要請文の写真

「全国各省市参議会御中：琉球は中国の属地であり、琉球人民はすなわち中国人民である。琉球と中国は密接に関連しており、明の万暦三七年〔一六〇九年〕、日寇〔日本侵略者〕が初めて琉球を侵して以来、三百余年間、琉球の同胞はときに日寇の凌辱を受け、日寇を痛恨することと深く骨髄に入って、誠にその肉を喰らいその皮に寝たいものと思っている。不幸にして清の光緒五年〔一八七九年〕ついに日本の郡県に陥り、七〇余年間、琉球の同胞は日に水深く火熱き〔苦難を表わす表現〕中にあり、奴隷にもしかぬ生活を送っている。文字は滅ぼされ、姓名は改められた。しかしながら民族の正気は長く存し、革命の精神は永く固い。琉球革命の志士は、日寇と断乎死闘しもって強暴に反抗し、民族を復興し、身を殺して仁をなし〔犠牲的行為・精神を表わす表現〕同志の屍を乗り越えてきた。その英烈なる史実は、実に天地を驚かし、鬼神を泣かしめないときはなかった。ただ、祖国とは海洋を隔てること遥かであり、呼びかけは届かず、わずかに首をあげて運天を仰ぎ、声を飲んで忍び泣くのみであった」「今日、対日和会〔対日講和会議〕はまだ期日が定まらず琉球の帰属問題もまた明確な決定を見ていない。謹んでここに全国の父母兄弟叔母方、姉妹に、深く琉球と中国が千余年の関係を持ち、その情は父子骨肉に同じだということに注意を払っていただきたい。琉球の同胞の祖国に帰還したいという願望は、誓って必ずやその現実を促進し、断じていかなる人が分離させることも許さない。国防地理から言えば、琉球と祖国は更に一体となるべきであり、祖国に琉球がなければ海防は脅威にさらされることになろう」「琉球が祖国に帰属すべきことは、情においても理においてもいささかも疑義はない」「全琉球同胞は、誓って必ずや引き続き努めて民族の自由・解放を争う。敬して、全国の同胞がますます琉球問題を重視し、声援と協力を与えられんことを乞う。中琉の同胞が密接に連携・共同・努力し、一日も早く祖国に帰還するという最後の目標を達成できるようにさせていただければ国家は幸甚であり、民族も幸甚です。琉球革命同志会敬叩」

■国民党から中国共産党の手に渡った琉球独立論

琉球革命同志会、そしてその後の琉球国民党における運動理論、理論武装は、全て喜友名が担当していました。前掲した琉球革命同志会の要請文や、彼が作成した文書を読むと、気がつくことがあります。前述した唐淳風の琉球独立プロパガンダや中国の学者が発信している沖縄の歴史観と、内容が全く同じなのです。彼等の歴史観では、琉球王国時代の沖縄は明や清の藩属国であり、沖縄の人々は渡来人である久米三十六姓の子孫であり、琉球人民は中華民族の一員だということになっているのです。そして、一八七九年以来、日本の血なまぐさい統治を受け、沖縄戦で日本軍は琉球人を虐殺した、ということになっているのです。

これに、中国共産党は復帰後のストーリーを付け加え、一九七二（昭和四七）年の日本復帰は琉球人民にとっては寝耳に水であり、それ以来、反日・反米の琉球独立運動を休むことなく続けている、ということになっているのです。琉球革命同志会の資料を読むと、このような現在の中国共産党の琉球独立論は、琉球革命同志会のそれをテキストとするかのように、ほぼ、そっくりそのまま流用したものだと思われます。

■沖縄では根づかない「琉球独立論」

沖縄が復帰すると、喜友名は沖縄に戻り、そこでも琉球独立論を主張したものの、沖縄政界での影響力は小さく、一九八九（平成元）年に亡くなる最後まで、受け入れられることはありませんでした。

最近、「沖縄には独立論が台頭しやすい土壌がある」とか「沖縄の時代の曲がり角には必ず独立論が台頭する」という言論人の解説を目にすることが多くなりましたが、現実は一八〇度逆です。私が調べる限り、戦前の沖縄には琉球独立論も運動も存在しませんでした（沖縄県設置前後に琉球国の特権階級にあった久米三十六姓の家系の役人などが、清国へ救援を求めたり亡命したりする事件はありました）。薩摩統治時代の数百年間も存在しませんでした。

琉球独立論が沖縄で出現しはじめたのは、前述した蒋介石の国民党の琉球独立工作が最初で、それ以前は存在しなかったのです。もし、琉球独立運動が沖縄県民の伝統的文化や自然なアイデンティティから発生するのなら、沖縄県設置後の一八八〇年代にこそ、大規模な反日本政府の琉球独立運動が起きたはずです。沖縄の人々は日本人であり、日本人としての魂を持っている限り、いくら歴史を捏造して洗脳しようとしても、沖縄では琉球独立論は根づかないのです。ただし、安心してはなりません。沖縄県民の総意でもないのに、勝手に沖縄県民の代表を名乗って、海外に独立支援の声を上げるのは、琉球革命同志会も国連NGO（後述「誰が沖縄県民を先住民族にしたか」参照）も同じであり、県民は、沈黙していると独立の方向に持って行かれてしまうのです。今こそ、本当の沖縄県民の声を国際発信するべき時です。

■沖縄は歴史戦の戦場

ここまで述べたように、琉球独立工作は、当の沖縄県民が全く知らないところで進められてきました。それも、国連を巻き込んで、国際的ネットワークを使って進められてきたのです。これから日本民族は、存亡のかかったこの策謀と対峙していかなければなりません。しかし、私は前向きに捉えたいと思います。沖縄問題の解決こそ、日本民族復活の鍵だと私は確信しています。沖縄の本当の歴史を取り戻し、団結した日本民族を復活させることこそ、世界のリーダーたる日本の再建につながるのです。

沖縄県祖国復帰運動の中にこそ日本精神あり！

■スコットランド、カタルーニャの独立運動

「スコットランドで住民投票が行われた！　次は沖縄で自己決定権を問う県民投票だ！」「カタルーニャがついに独立宣言をした！　次は沖縄だ！」

世界各地で独立を問う政治運動があると、このように沖縄を引き合いに出す解説がマスコミやネットで出回ります。ある人は、今こそ沖縄独立のチャンスだと捉え、ある人は、独立が沖縄に飛び火し、日本が危機に陥ってしまうと警鐘を鳴らします。そして、その論拠として、「スコットランドも沖縄もかつて別の国だった」また「スコットランドの原潜基地負担と沖縄の米軍基地負担問題も同じだ」とか「カタルーニャが中央政府から差別を受けて対立している構図は、沖縄の日本政府との対立構図と同じだ」と解説しています。それらを読んだ読者は、否定する方より納得してしまう方のほうが多いのではないでしょうか？

それは、戦後沖縄の政治を扱う報道が大きくねじ曲げ続けられたために、一八〇度間違った

沖縄の見方が蔓延しているためです。そもそも九九％以上の沖縄県民は、日本人としてのアイデンティティを持っていますし、独立を望んでもいません。沖縄県民は、文化、信仰、考古学的な検証、ＤＮＡ分析、いずれをとっても間違いなく日本人です。

私はどの切り口からも琉球独立論が誤りであることを論破できますが、今回は、五〇歳以上の方なら記憶にある、昭和四七年五月一五日に実現した「沖縄県祖国復帰」の歴史的背景をもとに、沖縄独立の可能性を語ることがどれだけ、的はずれなのかを説明してみたいと思います。

現在では、新聞、テレビで沖縄県祖国復帰を取り上げる時、米軍基地問題の一環として語られる傾向があります。しかし、祖国復帰は、決して米軍基地問題として矮小化してはなりません。そこには、日本人だから日本人として生きたいという、民族の根源的な情熱があったはずだからです。沖縄県祖国復帰の歴史の中でこそ、日本人が日本人であることの意味、また、日本人であるために最も重要なことが何なのかがわかるはずです。すなわち、日本民族の精神の叫びを垣間見ることができるはずです。

それでは、終戦直後から沖縄のリーダーたちが、どのような思いで沖縄の祖国復帰に取り組んできたのかを見てみたいと思います。

■終戦直後の捕虜収容所で始まった沖縄県祖国復帰運動

大東亜戦争の敗戦後、日本はGHQの間接統治を受けましたが、形式上は日本人により、内閣も国会も運用されました。一方、沖縄戦で米軍に上陸支配された沖縄では、一九四六（昭和二一）年一月二九日、GHQよりSCAPIN—六七七が指令され、北緯三〇度以南の南西諸島全域における日本の施政権が停止され、行政的に日本から分断された統治が行われました。当初は、琉球列島米国軍政府、その後は琉球列島米国民政府が設置され、その下に琉球政府が置かれました。その後、沖縄の行政は米国式で行われ、車は右側、速度はマイル表示、通貨はドルが使われました。しかし、沖縄県民はこのような植民地統治をそのまま受け入れたわけではありませんでした。

沖縄の戦後は、捕虜収容所から始まりました。一九四五（昭和二〇）年八月一三日、知念収容所の中で、仲吉良光《りょうこう》氏（元首里市長）らが地区米軍隊長に対し、「対日講和の際、沖縄は日本の一部として残るよう、配慮方をワシントン政府に進言してもらいたい」と陳情書を提出しました。隊長からは「政治上の陳情はマッカーサー司令部に提出すべきだ」と忠告を受け、翌年の八月、仲吉は上京し、在京沖縄県人の漢那憲和《かんなけんわ》氏などとともに、マッカーサー司令部の日本人将校に、英訳した陳情書を手渡しました。その時の陳情書の日本文は次のとおりです。

「沖縄は固有の日本領土であり、住民も日本人であり、言語、習慣、信仰など全て日本本土と同一である。これまで幾多の困難に際し、沖縄県民は、本土同胞と相協力してきたのである。今後とも苦楽を共にするのが人情自然であり、沖縄県民の希望である。沖縄は日本以外、かつて一度も他国の支配を受けたことがない、この伝統精神と全沖縄人の希望を尊重され、沖縄が元通り日本の一県として残るよう特別のご配慮を賜りたい」

この陳情書の内容は、当時の沖縄の人達の自然な感情をまとめたものだと考えて、おそらく間違いないのではないでしょうか。このように、沖縄では終戦直後から、日本人として当たり前な感情の発露により、祖国日本へ復帰する運動が始まっていったのです。

■日本語を守り抜いた沖縄の先人たち

復帰運動以前にも米軍統治下の沖縄では、日本人であり続けるための闘いが行われていました。それは、現在の沖縄県民、沖縄県出身者に大きな恩恵を与えたものです。今、沖縄県では、当たり前と思うかもしれませんが日本語が使われており、コミュニケーションするにあたり東京と全く違いはありません。

四五年前の一九七二（昭和四七）年の復帰事業の時も、通貨や交通制度の違いには大きな苦労がありましたが、生活言語や公用語の違いによる困難は全くありませんでした。それは、米軍の統治下に置かれたにもかかわらず、沖縄の学校でも日本語で教育が行われ、テレビ・ラジオ放送も日本語で行われていたからです。沖縄をアジアにおける永久基地として使いたい米軍としては、沖縄の学校教育やラジオ放送はできれば英語、それがだめなら琉球語（占領直後の米軍は、沖縄住民は日本と別の民族だと認識していた）、最も避けたいのは日本語による教育だったのです。

それでは、米軍占領下の沖縄で日本語を守った、三名の沖縄の先人のエピソードを紹介いたします。最初は、終戦直後の米軍統治下で前途が全く見えない教育の混乱の中、「言語教育はどこまでも標準語（日本語）でいけ」と指示を出した山城篤男先生のエピソードです。

敗戦の痛手を負い、設備や備品もそろわないまま、学校教育は再開された。米軍占領という事態に直面し、米軍の県民に対する占領政策がどのようなものになるのか、教育の目標はどこに設定するのか、過去における日本の植民地政策が日本語教育による日本化であったことを人々は思い起こし、言語はどうなるのかという不安が広がっていった。

このような教育者たちの不安を払うように昭和二一年（一九四六年）、沖縄諮詢《しじゅん》委員会（当時の自治政府）の文教部から「言語教育はどこまでも標準語（日本語）でいけ。迷うことなかれ」の通達が出された。この通達は「混迷の中にあった人心に決定的な安定感を与えるもの」であった。

この「標準語でいけ」との通達がいかに戦後の沖縄の教育界に、大きな安堵感と希望をあたえたかについて、那覇市史はこう記述している。

山城篤男

「教育課程の編成はまず、教育の目標を設定することから始まるが、終戦直後の収容所時代においては、そのような手順を踏むことはまず、不可能であった。何よりも占領下において、国語による教育が行えるかという問題があった。そんな時『標準語で行け』とは『日本語で行け』ということであった。それは取りも直さず『日本人としての教育を断行せよ』ということであった。（中略）その頃の沖縄は、まったく先の見えない混沌とした闇の中にあったので、これはまさに『闇を照らす一条の光であった』」

（『沖縄にみる教育の復興』より引用）

沖縄諮詢会

多くの日本国民が玉音放送で敗戦を知った一九四五（昭和二〇）年八月一五日、ラジオの電波の届かない沖縄では、捕虜収容所にて米軍から日本の敗戦を知らされたのでした。そして、その日に沖縄諮詢会の発足を命じられました。沖縄戦で沖縄県庁は完全に行政機能を失っていたので、沖縄諮詢会は、戦後初の沖縄の行政組織であり、その後、名称や規模を変えながら、後の琉球政府に発展していきます。当時は学校といっても、米軍払い下げのテントやかまぼこ型のコンセット兵舎を再利用した「コンセット校舎」が八割を占めていました。一部は、青空教室も残っていました。

沖縄諮詢会で文教部長を務めていたのが、前述の引用文「言語教育はどこまでも標準語（日本語）でいけ。迷うことなかれ」の通達を出された山城篤男先生です。後に興南高校の初代校長も務めました。山城先生は、米軍統治下の最も厳しい時代に、最も賢明な判断を下し、後の沖縄県祖国復帰の最も重要な土台を守った偉人ではないでしょうか？

沖縄の教育者は、学校教育は日本語で行う方針を固めていましたが、まだ米軍側は、日本語による社会復興を回避するために、「琉球語（沖縄方言）」によるラジオ放送を意図していたようです。その時に毅然と闘ったのが、沖縄民政府・文化部芸術課長だった川平朝申《かびらちょうしん》です。現在、テレビのサッカー解説などでおなじみのジョン・カビラ、川平慈英《じえい》兄弟の伯父にあたる方です。

一九四八年春頃、軍政府情報教育部ディフェンダー・ファー次長からの指示を受けたタール同局情報課長が、放送は琉球語でするように川平に圧力をかけたとの記述がある。川平は二時間にわたって以下のような説得をして、タールに指示を撤回させたという。

「琉球語は日本語である。一般的に今日の琉球語は日本の地方語であり、日本語放送のNHKでは放送言語を普通語といい、放送言語として統一している。それが今日、放送している言語である。演劇や娯楽番組では地方語を用いているが、それはあくまで娯楽番組にのみ用いられているのである。

琉球語という言語だけを使用すると聴衆者を制限することになり、おそらく首里、那覇近郊の三〇歳以上の人間しか理解できないだろう。しかも琉球語で科学、芸術、学芸の表現は極めて困難で、放送はごく一部の聴衆者、特にあなたが念頭に置いているらしい老人層の具にしかならないだろう。ラジオ放送は全県民に聴衆できるようにしてこそ、その使命は果たされるのです」

（『戦後米国の沖縄文化戦略』より引用）

沖縄戦に投入された米軍幹部には、ジョージ・P・マードックなどの文化人類学者がまとめた民事ハンドブックが配られていました。沖縄を統治している米軍は、日本復帰運動を鎮静化させるための離日政策を進めていましたが、その土台になったのが、このハンドブックを介して得た「沖縄人は日本人とは異なる民族」という認識だったのです。ラジオ放送を琉球語で行うよう要請したのも、その認識が土台にあったからであり、琉球語は日本語の方言ではなく、日本の先住民族である琉球人独自の言語だと認識していたのだと思います。

終戦直後の沖縄では、その地位が曖昧なため、米軍は中長期的な復興計画も立てることができませんでした。そして、講和条約の締結が近づいてくると、沖縄の人たちはピリピリしてきます。

講和条約で沖縄は日本に戻ることができるのか、それとも米軍に永久支配されてしまうのか？当時の国際情勢を見ると、米軍統治が続く可能性が高いのは容易にわかるため、このままでは南洋の現地人と同じ扱いをされるのではないかと、沖縄の将来が不安になってきたのです。そして、そうならないためには、良き国際人となるためには、積極的に英語を学び、教養を高めていかないといけない。占領軍の言語である英語を沖縄の国語にして、学校教育を英語で行ったほうが、沖縄の未来は開けてくるのではないかという声も上がってきていたのです。

その時、沖縄群島会議（後の琉球政府の立法院議会、現在の沖縄県議会に相当）で、以下のやりとりが記録されています。

◎宮城久栄くん

第一八条四号（沖縄群島教育基本条例）に日常生活に必要な国語とありますが、小さいことですが、講和条約後、万一米国の信託統治になった場合の国語は何を指すのですか、英語か日本語か？

◎文教部長（屋良朝苗くん）

現在の言葉を指しているつもりであります。我々の標準語をさしております。我々の標準語といっているもの即ち日本語をさしているのであります。

◎宮城久栄くん

帰属がどう決まってもいつまでも日本語を国語としますか。

◎文教部長（屋良朝苗くん）

帰属いかんにかかわらず、私はそう思っております。この言葉を通して沖縄の文化建設をしていくのが妥当と思います。

（昭和二六年四月二八日、沖縄群島議会議事録より）

この議会でのやりとりから約半年後の九月八日、サンフランシスコ講和条約が締結され、懸念していたように沖縄の日本復帰の願いは叶わず、逆に、正式に米軍統治下に置かれることが決まってしまったのです。

アジアで、イギリスや米国の植民地になった香港やフィリピンなどは、学校で英語教育を行い英語が公用語とされているので、沖縄も同じ道をとってもおかしくなかったのですが、沖縄ではその後も一切、公立学校の教育現場で米軍から英語の教科書を支給されたことも、英語を使って教育を行うこともなかったのです。米軍統治下で小学校の教育を日本の教科書で勉強していたときは、当たり前のようにしか思っていなかったのですが、今思えば、他国に類をみない誇るべき歴史ではないかと思うのです。

そして、その背景には、当時の文教部長だった屋良朝苗先生の「日本人としての誇り」「日本人の魂を捨てない決意」があってこそではないかと思います。

今回紹介した三つのエピソードからわかることは、「日本人としての魂は、日本語にある」「いかなる国難に遭遇しても『日本語教育』は決して手放してはならない」ということです。これが、日本国民全員が共有するべき、沖縄県祖国復帰の重要な歴史ではないかと思うのです。

■「国旗掲揚に就いての請願書」

サンフランシスコ講和条約にて、沖縄の潜在主権（残存主権）は日本に存在することは認められたものの、沖縄の施政権は公式に、米軍下に置かれることが決まってしまいました。その直後に沖縄側も動きました。沖縄教職員会が国旗掲揚についての請願書を提出したのです。終戦直後、米軍統治下の沖縄では、米国旗以外の国旗の掲揚は許可されず、違反した場合は禁固刑または罰金が科せられていました。

それが一九四九（昭和二四）年六月二八日の琉球列島米国民政府布令で、民政府長官の特別の許可を得た場合のみ許可されました。そして、サンフランシスコ講和条約が発効された一九五二（昭和二七）年四月二八日、政治的意味を伴わない個人の家屋または個人的集会においての掲揚が許可されたのです。

しかし、学校での国旗掲揚は許可されていないため、入学式や卒業式は日の丸なしで行うしかありませんでした。

以下、沖縄教職員会が琉球政府行政主席に提出した請願書を掲載いたします。

国旗掲揚に就いての請願書（原文ママ）

友好と信頼との和解の精神に基づく講和會議の結果、わが琉球の主権が祖國日本に残存することが明確にされたことは、吾等琉球住民の民族的安堵であり喜びであった。（中略）今回また日本の國旗をわが琉球に於いても、政治的目的をもたない、個人の集合の機会や各家庭に於いても掲揚してもよいとの許可を下さったことは愈々《ゆめゆめ》國民的感激と喜びを新にするものである。（中略）完全に日本復帰が実現した暁《あかつき》に、日本國民としての魂の空白をつくることなく、豊かな國民感情と國民的自覚を堅持せしめるためには、機會あるごとに日本の象徴である「日の丸」の旗を掲揚し、之に親しませることは極めて重要なことであって、このことは琉球住民は勿論、わけても教育界にとって最も重大な意義をもつものであると信ずる。依《よ》って吾々四千の教職員會は更に、左記事項を実現させて戴くよう切に請願いたします。

要望事項

一、学校に於いては左記の場合日本国旗の掲揚を許可して貰いたい。
1・入学式、2・卒業式、3・創立記念日、4・祝祭日、5・運動会、6・学芸会、7・学校落成式、8・其の他教育振興を目的とする會合の場合
二、政治的目的をもたないで、教育の振興を目的とする教育者の集会の場合にも日本國旗の掲揚を許可して貰いたい。

一九五二年五月七日　沖縄教職員會
琉球政府行政主席　比嘉秀平殿

この請願書は、現在の私たち日本国民にとって、日の丸掲揚の意義を改めて教えてくれる内容ではないでしょうか？

日の丸掲揚のない学校教育は、子どもたちに魂の空白を作ることになると訴えているのです。

■屋良朝苗氏の魂の名演説

しかし、沖縄県県民の復帰への悲願は止まることはありません。

一九五二（昭和二七）年一二月、屋良朝苗氏を会長として「沖縄戦災校舎復興期成会」が結成され、一九五三（昭和二八）年一月二〇日に、戦災校舎の復興を全国に訴えるために、屋良朝苗、喜屋武《きやん》眞榮《しんえい》他三名を本土に送りました。

屋良朝苗氏は、沖縄県祖国復帰の直前は琉球政府行政主席を、復帰直後は初代沖縄県知事を務め、激動の時代を乗り越えた、沖縄では知らない人はいない戦後の大政治家です。戦前は、台湾師範学校で教師をしており、戦後は琉球政府の文教部長（日本政府の文部科学大臣に相当）を務め、一貫して教育者としての職務に就いていました。

沖縄は、戦争で県土のほとんどが焦土と化し、教育施設が壊滅したため、終戦直後は、馬小屋や青空教室のような環境で教育を

コンセット校舎（1951 年・那覇中等学校）

再開しました。

その後、米軍のコンセット兵舎（かまぼこ隊舎）を再利用としたコンセット校舎を利用するようになってきましたが、琉球政府の予算は不十分で、正式な校舎、必要な教室を用意するには、相当な年月がかかる見込みでした。そのような中、屋良氏が沖縄に戻ったのは六月二三日で、

その間の約半年間、全国各地を行脚して、戦災校舎復興のための支援を訴えたのでした。この屋良朝苗氏の演説の抜粋を巻末資料として掲載しましたので、ぜひご一読ください。

沖縄県祖国復帰という歴史の本質を説明するのに、多言は無用だと思います。日本人としての魂の運動こそ、沖縄県祖国復帰運動だったことがわかると思います。

結局、沖縄県祖国復帰の歴史は、日本語教育と日の丸掲揚を守ることが日本民族の魂を守ることだということを、雄弁に語っているのではないでしょうか。

この沖縄県民の祖国復帰運動は、昭和三〇年台後半には大きなうねりとなっていきます。そして、次項で取り上げる「東京オリンピック聖火リレー」にて、日の丸掲揚運動はさらに盛り上がり、やがてピークを迎えるのです。

一九六四年東京オリンピック・沖縄聖火リレーの意味

■米軍占領下で東京オリンピックを迎えた沖縄

二〇二〇年東京オリンピック開催も再来年に迫り、カウントダウンが近づいてきました。日本選手団への期待も大きく膨らみます。東京でのオリンピック開催は二度目となりますが、ここで、前回の東京オリンピック開催に隠された、重要な意義を振り返ってみたいと思います。

五四年前に開催された東京オリンピックは、まさしく日本の敗戦からの復興の象徴でもありました。これをきっかけに日本の高度成長は加速し、一九六八（昭和四三）年にはドイツを抜いてGDP世界第二位になりました。

しかし、戦後復興のシンボルである東京オリンピックを語る上において、見逃されている重要なことがあります。それは、東京オリンピックが開催されたその瞬間、沖縄はいまだに米軍の占領下にあったということです。では、当時の沖縄県民は東京オリンピックを、どのように受け止めたのでしょうか？

琉球切手：1964 オリンピック東京大会
沖縄聖火リレー記念

それを象徴するものが、一九六四（昭和三九）年の琉球切手です。当時、沖縄はまだ米国の施政権下にあったため、この切手は五円でも一〇円でもなく「三セント」と書かれています。切手の下側には、「一九六四オリンピック東京大会沖縄聖火リレー記念」と書かれています。

そうです、米国占領下の沖縄で東京オリンピックの聖火リレーが行われたのです。

■祖国との一体感を求めて聖火リレー沖縄開催を！

一九五九（昭和三四）年、東京が第一八回夏季オリンピックの開催地に決定しました。その直後から沖縄体育協会は聖火リレーを沖縄でも実施するよう、オリンピック東京大会組織委員会など関係機関に強く働きかけていました。

一九六二（昭和三七）年七月四日、「聖火リレー特別委員会は、国内聖火リレーは全都道府県をカバーすること」「走者は青少年で、日本最初の着地点は沖縄とすること」を決定しました。

「日本最初の着地点は沖縄とする！」

この決定は、当時の沖縄県民にとっては、言葉に表すことのできないほどの喜びだったと思います。

前述の通り、その頃、戦後の現役総理大臣で沖縄を訪問した人は誰もいませんでした。また、日本政府は、沖縄返還については「時期尚早で国益に反する」という風潮で消極的であり、日本政府が沖縄の民生向上のための支援を申し出ても、米国は拒否するような関係でした。

つまり、沖縄県民にとっては、「祖国日本に復帰できるのかどうかもわからない」「日本の高度成長にも取り残されてしまうのではないか」という疎外感が、最も強く感じられた時期だったのです。

そのような中で、祖国日本の世紀の祭典、東京オリンピックの聖火リレーの沖縄開催は、「祖国との一体感」を体験できる最高のイベントであり、その国内最初の着地点として選ばれたことによって、「沖縄はまだ見捨てられていなかった！」という希望と「自分たちは日本人だ！」という誇りの、両方を取り戻すことができたのです。

■米国民政府に日の丸掲揚を黙認させた沖縄県民の祖国愛

前述したように、当時の沖縄では国旗の掲揚が制限されていたため、昭和三三年の第三回アジア競技大会の聖火リレーが沖縄で開催された際には、米国民政府は日の丸の掲揚を許可しませんでした。

東京オリンピックの聖火は、八月二一日にギリシャのオリンピアで採火され、二二日にアテネを出発し、世界一一カ国を経由して航空機「シティー・オブ・トウキョウ」号に搭載され、九月七日正午、予定より一日遅れで那覇空港に到着しました。台風のために香港で一日、足止めになったからです。

第3回アジア競技会聖火リレー（1958年4月）
※日の丸の掲揚は許可されなかった。

那覇空港で聖火歓迎式典が行われた後、一二時四〇分に那覇空港を出発しました。第一走者を務めた宮城勇さんは、その時のユニフォームと聖火を今でも持っているそうです。あるテレビのインタビューでは、「当時の自分は、自分たちも日本人であるという誇りを胸に走っていた」と語っています。聖火は、四万人もの観衆で人があふれる奥武山《おうのやま》陸上競技場に、午後一時に到着しました。

TOKYO1964のロゴマークのゼッケンを着けて走る聖火ランナー

聖火台への点火（1964年9月7日）

奥武山陸上競技場では、聖火台点火に引き続き、高らかに君が代が吹奏される中を、大日章旗が悠々と掲揚台のポールの上を揚がって行きました。リレーの走者の若者たちにも「ＴＯＫＹＯ１９６４五輪」のロゴと組み合わされた日の丸のゼッケンが輝き、聖火ランナーを迎える沖縄県民も、同じ「日の丸」の小旗を振っています。

米軍占領後の沖縄で、ここまで堂々と日の丸を振ることも、国家を斉唱することも、初めてだったでしょう。地元のある新聞は、「沖縄があたかも復帰したような喜びに沸き立った」と報道していました。

午後九時まで聖火台で燃え続けた聖火は、琉球政府庁舎内の主席室に一泊しました。翌日九月八日、聖火は那覇を出発して南部に向かいました。南部は多くの戦跡がある地域です。ひめゆりの塔の前では、生き残りの同窓生が日の丸の小旗を手にした児童五〇〇人とともに走者の中継を見守りました。

摩文仁《まぶに》の丘で聖火ランナーを務めたのは、戦死者遺児の金城安秀さんでした。彼は、沖縄戦の戦没者二四万人に思いを馳せながら走ったといいます。思えば、沖縄で戦死した英霊は、日の丸を掲げて戦ったにもかかわらず、沖縄に掲げられているのは、沖縄に上陸してきた米国の星条旗ばかりであり、長い間、日の丸を見ることもなく悔しい思いをされたことでしょう。そこに、東京オリンピックの聖火リレーで日の丸を見せることに、どれほど大きな意味があっただろうと思います。

上の写真は、九月八日の聖火を迎える糸満市の沿道です。大きな日の丸から小さな日の丸まで、さまざまな日の丸が見えます。

日の丸を振って聖火を迎える沿道の子供たち

「米国の占領下にあり、日の丸の掲揚が禁止されている沖縄の沿道を日の丸で埋め尽くした！」

これが、オリンピックの力です。

■名護市嘉陽の聖火宿泊碑

聖火は南部を回った後、北上し、現在の名護市嘉陽《かよう》に到着しました。嘉陽は、名護市の東側で太平洋に面し、那覇から約八〇キロメートル、普天間基地の移設予定地である辺野古の北側

聖火宿泊碑の前での式典
（1964 年 9 月 8 日）

にある小さな集落です。近くに嘉陽小学校がありましたが、近年の過疎化のため二〇〇九（平成二一）年四月に閉校してしまいました。

その嘉陽に、「聖火宿泊碑」というモニュメントが残されています。この聖火が嘉陽に到着すると、その記念碑の前では、式典が行われた後、さまざまなエキシビションが行われました。

当時を知るオバー（お婆さん）は、次のように言っていました。

「とにかく人の波、波でした。『聖火を見るんだ』と言って、集落では数少ない二階建ての建物にも人が登っていました。外国からもたくさん人が来て、嘉陽小学校の運動場には人が入りきれないぐらいでした。小学校の鼓笛隊が歓迎の演奏をしたり、炊き出しをしたり、一生懸命、村をあげて歓迎しました」

さらに、こう続けました。

「白い紙に、お椀《わん》で丸い形を書いて赤く塗り、山から竹を取ってきて、日の丸の手旗をたくさん作りました。みんなで振りました。うれしくて涙が出てきたのを覚えています」

当時の写真を見ると、聖火台の後ろには、日の丸や五輪旗、星条旗が並んで翻っています。米軍占領下で国歌斉唱したり、日の丸を振って聖火を迎えることは、日本人としてのアイデンティティーに火をつけ、後の復帰運動の盛り上がりにつながったのではないでしょうか。

現在の聖火宿泊碑

聖火宿泊碑除幕式（1964 年 9 月 8 日）

左上写真は、聖火宿泊碑の除幕式の写真です。キャンプ・シュワブに駐屯している第三海兵師団は、聖火リレーへの協力体制を敷いていました。嘉陽での宿泊者用テントやシャワーの設営、炊き出しなども担当しました。また、聖火宿泊碑の建設にも協力しました。

現在もキャンプ・シュワブの海兵隊は地元の住民と仲良しですが、その関係は、この頃から築き上げられていたようです。

今では、沖縄が日本に復帰できたことは当然のように思われていますが、実はそうではなく、当時は、沖縄が日本に復帰できるかどうか全くわからない時代でした。子どもたちは、日本円を見たことも、使ったこともなかったのです。

米軍占領下で、沖縄本島北部の小さな集落で、祖国日本の世紀の祭典に参加し、このような式典を行ったことはものすごい誇りだったんだろうなという思いがよぎります。このオリンピックの種目競技そのものではなく、聖火リレーであったけれども、その感動は東京のオリンピック開催以上だったのではないかと思います。

■東京オリンピックの翌年に実現した佐藤首相の沖縄訪問

一九六五（昭和四〇）年八月一九日、戦後初の現職総理大臣が那覇空港に降り立ちました。佐藤栄作首相は、那覇空港で次のような演説を行いました。

沖縄同胞のみなさん。

私は、ただ今、那覇飛行場に到着いたしました。かねてより熱望しておりました沖縄訪問がここに実現し、ようやくみなさんと親しくお目にかかることができました。感慨まことに胸せまる思いであります。沖縄が本土から分かれて二〇年、私たち国民は沖縄九〇万のみなさんのことを片時たりとも忘れたことはありません。本土一億国民は、みなさんの長い間の御労苦に対し、深い尊敬と感謝の念をささげるものであります。私は沖縄の祖国復帰が実現しない限り、わが国にとって「戦後」が終わっていないことをよく承知しております。これはまた日本国民全ての気持でもあります。

私が、今回沖縄訪問を決意いたしましたのは、なによりもまず、本土の同胞を代表して、この気持をみなさんにお伝えしたかったからであります。

私は、去る一月のジョンソン米国大統領との会談で沖縄の施政権をできるだけ早い機会に返還するよう強く要望しました。また、沖縄住民の民生安定と福祉向上のため日米相協力することについて意見の一致をみたのであります。私はこの基本的立場に立って、沖縄の現実の姿を、直接この目で確かめ、耳で聞き、できるだけ広く深く当地の実情を掴んで、これを日本政府の沖縄施策の中に具体的に生かしたいと存じます。そしてこのことは私の責任であるとともに、沖縄のみなさんの期待に応える所以であると考えます。私は、ここに、沖縄九〇万同胞の心からの歓迎に対し深く感謝するものであります。また、ワトソン高等弁務官、松岡行政主席はじめ関係者の温かいお出迎えに対し、厚くお礼申し上げます。

この演説以降、日本政府の沖縄返還交渉は急加速していったのです。

私は、佐藤首相が東京オリンピックの翌年、一九六五（昭和四〇）年に沖縄訪問を行ったのは、単なる偶然ではないような気がします。前年に開催された東京オリンピックが、戦後、別れ別れになっていた沖縄と本土を再び引きつけたような気がしてなりません。米国にとって沖縄県民に日の丸掲揚を認めるというのは、占領を放棄するに等しいことです。

それを、東京オリンピックの聖火リレーで、米国民政府に事実上認めさせることに成功したのです。そして、米国にとって首相の沖縄訪問を認めるということは、事実上沖縄占領を放棄

佐藤首相の訪沖を沿道で歓迎する石垣市民
（1965年8月21日）

那覇空港で演説する佐藤栄作首相
（1965年8月19日）

することを宣言したに等しい事件だと思います。

二つの事件は、米国の沖縄占領政策が沖縄を占領し続ける方針から、返還した上で基地を置く方向に大きく転換した証だと言えます。

その後、具体的な返還交渉が始まり、さまざまな問題が続きましたが、わずか七年後の一九七二（昭和四七）年五月一五日に、沖縄県祖国復帰が実現しました。それから約半世紀が経過し、再び、東京オリンピック開催が決まりました。これは、経済発展の起爆剤というだけではなく、日本国民の心を一つにし、日本民族の誇りを取り戻す大きな起爆剤となる力を持っています。

今こそ、前回の東京オリンピックの果たした役割を再確認し、日本再建のビジョンに組み込むべき時だと思います。私は、二〇二〇年東京オリンピックは、沖縄県民を日本に侵略され滅ぼされた民族とする「国連先住民族勧告」や「琉球独立論」という声を、封じる力を持っていると確信しております。

前回と同じように、沖縄と本土の日本国民が心を一つにするようなオリンピック運営の実現を、心より願っております。

四章　中国による沖縄侵略計画

中国の目的は「既成事実作り」

■尖閣諸島の天気予報を行わない日本

中国政府が進める沖縄侵略の手段は、遠謀深慮で多角的な実効支配の既成事実作りです。例えば、中国気象局は二〇一二（平成二四）年九月一一日から、尖閣諸島の天気予報を行っています。天気予報を開始するにあたって、中国気象局の報道官は、「全国の陸地、河川・湖、及び海上の気象予報・警報などを行う責任を負っている」と述べています。

一方、日本の気象庁は、国会議員のたび重なる要求にもかかわらず、尖閣諸島と大きく隔たっている石垣地方に含めて天気予報を発表しており、いまだに尖閣諸島のみを対象とした天気予報は行っていません。外国から見たら、気象行政では尖閣諸島を実効支配しているのは中国だということになってしまいます。

前述したように、ネットで中国の天気予報を見ると、尖閣諸島は福建省の一部として報道しています。これまで、台湾の宜蘭《ぎらん》県の一部と主張していましたが、天気予報開始をきっかけに福建省に変更されています。この瞬間から、中国政府は戦略を大きく転換し、台湾統一より尖閣・沖縄の侵略を優先する方針を固めたと考えざるを得ません。

また、二〇一三（平成二五）年一一月二三日に、中国政府が一方的に東シナ海に防空識別圏を設定しています。当然、尖閣諸島上空はこの防空識別圏の範囲に含まれています。ここで、頭を切り替えて理解しておかなければならないのは、この時から尖閣諸島上空は中国空軍にとって、侵入するエリアではなく、日本の航空自衛隊機に対してスクランブル発進を行うエリアになっていたということです。

二〇一四（平成二六）年、さらに中国は海底資源においても実効支配を進めました。その秘密兵器が海洋調査船「科学号」とＲＯＶ（遠隔操作型無人探査機）「発現号」でした。中国国内ではその活動の詳細が大々的に報道されましたが、なぜか日本国内では、報道規制されているかのように、その詳細が全く報じられませんでした。日本のメディアでは、《沖縄県・久米島周辺の排他的経済水域（ＥＥＺ）で（二〇一四年四月）一九日、中国の海洋調査船「科学号」が海中に何らかの物体を投入したのを、海上保安庁の巡視船が確認した》としか報道していません。しかし、中国のメディアは、《科学号は二〇一四年四月八日から五月にかけて、沖縄トラフ熱水域の熱水噴出孔周辺の海洋物理及び化学環境の観測、サンプル収集、分析を行う予定》と報じていました。

そこで、久米島沖の熱水鉱床の存在を調べると、実は二〇一二（平成二四）年に産業技術総合研究所が久米島西方海域に新たな海底熱水活動域を発見していたことがわかりました。それは二〇〇八（平成二〇）年から進めてきた研究の成果であり、鉱床の存在の可能性について調査・研究を進めていく予定と報道していました。

日本の資源である熱水鉱床を堂々と横取りしたことは許せませんが、中国政府の目的は、そのような小さなものではありません。中国メディアの報道によると、中国は「沖縄トラフは中日海洋経済区分の境界線であり、熱水鉱床は中国側にある」「日本が主張する日中境界線は国際法の原則に違反しており、中国は国連に東シナ海境界案を提出している」と主張しています。つまり、これは熱水鉱床という海底資源スポットを奪う目的ではなく、東シナ海における日中間のEEZの境界線を、日本の主張する日中中間線から沖縄トラフへ大きく変更させるのが目的なのです。

科学号は出港に際して、その目的と期間を宣言し、そばにずっと張り付いて監視していた海上保安庁の監視・警告をことごとく無視して、宣言の計画通りに調査して帰港したのです。この瞬間に、日本は東シナ海のEEZにおける制海権を事実上、失ったと言えるのではないでしょうか。

■戦争は実効支配を失ったら負け

　このように、現在の政府の尖閣諸島への対応は、自ら実効支配を失う最悪のパターンに向かっています。だからこそ今後、尖閣諸島に人民解放軍を一人たりとも上陸をさせてはなりません。これまでと状況が激変し、中国は、上陸者の逮捕に動く日本の海上保安官や警察官を、中国領土に対する侵略者と批判し始める可能性があるからです。

　また、自衛隊は米軍と共に島嶼奪還訓練を行っていますが、上陸されてしまったら手遅れです。奪還作戦を行う自衛隊に対しても、中国政府は日本を侵略者として次のように批判するでしょう。

「日本の自衛隊が我が国固有の領土に攻撃を仕掛けてきた。中国は断固として我が国の領土を守る。侵略者に対して手加減はしない。日本に対してあらゆる手段を持って制裁措置を行う。多くの日本国民が命を失うことになるかもしれないが、その責任は中国の領土を侵略しようとする日本政府にある」

　このような嘘は国際的に通用しないと思ったら大きな間違いです。人民解放軍が尖閣諸島に上陸した時点で、実効支配しているのは日本ではなく中国になります。つまり、尖閣諸島を守るためにパトロールしているのは人民解放軍であり、侵入を企てているのが自衛隊という構図を作られてしまうのです。

「戦争は先に手を出したほうが負けだ」という声を聞きますが、それは大きな間違いです。日本が尖閣諸島を実効支配している時に、上陸してくる人民解放軍に射撃をしても、「中国が日本を侵略した」と批判声明を発表することができます。中国がなんだかんだと批判をしても、実効支配しているのは日本であるから、国際的には何の問題もありません。

しかし、日本が実効支配を失ったあとに必死で奪還作戦を実行したとしても、自衛隊が人民解放軍に射撃をした瞬間に、中国に「日本が先に攻撃をした」「日本が侵略をしてきた」と言われてしまうのです。

「戦争（防衛）は、先に攻撃を仕掛けたら負けではなく、先に実効支配を失ったら負け」なのです。実効支配を失うと、いくら「日本固有の領土」と主張しても、犬の遠吠えになってしまうのです。

日本政府はこれまで、「中国を刺激しない」という意味不明な理由で、尖閣諸島に日本国民を上陸させず、日本の建造物も建てず、自衛隊の監視隊も配備せず、天気予報も行わず、石垣市の環境調査のための航空機による調査も「不測の事態を避けるため」という理由で中止させ、石垣市の尖閣諸島の字名《あざ》の変更も中止（詳細は209頁にて後述）させてきました。これは、外国の目から見たら、「尖閣諸島は中国の領土であるから日本は遠慮しているのだな」としか見えません。

日本政府が尖閣諸島防衛のために最も優先することは、外国人の誰が見てもわかるような方法で尖閣諸島を実効支配することです。具体的には、大きな日の丸を掲げた建造物を尖閣諸島内に建設することです。これにより、尖閣諸島に上陸しようとする外国人を射殺しても、領海侵犯する船を撃沈させても、日本を批判する国はどこにもいなくなります。

侵略する側が悪いのは国際常識です。日本政府が今やるべきことは、領土、領海、領空の実効支配を断固として守ることです。実効支配している国こそ、侵略者に対して先に攻撃する資格があるのです。ＥＥＺに関しても、勝手に資源の調査を行わせてはなりません。中国に対する黙認は、ＥＥＺ内に新たな軍事基地建設を許すことと同じです。

■政府が即、行うべき沖縄防衛政策

結局、中国は尖閣諸島においても沖縄県全体においても、侵略しているのは中国ではなく日本だという国際世論を作る、巧みな工作を進めています。政府は、尖閣諸島など島嶼防衛の最前線は、このプロパガンダとの闘いであるということを、しっかり受け止めて対処するべきです。

政府が今すぐやるべきなのは、総理大臣、または防衛大臣が、直接沖縄県民に政府の沖縄防衛政策への協力をお願いするメッセージを発信することです。これまで防衛大臣が沖縄に入ったときには、県民ではなく知事の説得にあたっていましたが、それは大きな間違いです。安全保障に対する説明責任を知事に押し付けることになるからです。

外交防衛は政府の専権事項であるなら、当然説明責任も政府にあるはずです。例えば、次のようなメッセージを政府広報として全県民に届けていただきたいと思います。

「今、沖縄は中国の軍事的脅威の中にあります。どのようなことが起きても政府は断固として沖縄県民の生命と安全を守ります。また先の大戦のように、決して沖縄を戦場にさせるようなことはしません。そのためには自衛隊と、同盟軍である米軍で、沖縄の領海、領空、領土を断固として守ります。まだまだ、備えとしては不十分なため、自衛隊も増強配備し、日米の共同訓練も積み重ねていきます。そのため、これから沖縄の皆様には多くの協力をいただくことになりますが、子々孫々、平和な沖縄を残すために、ぜひともご理解、ご協力をお願いいいたします」

中国の脅威は、政府が口にしない限り「右翼による扇動」として一蹴されてしまいますが、政府や防衛省のトップがこのようなメッセージを発するだけで、県民の認識は飛躍的に変わるはずです。

前述した、国連先住民族勧告についても、政府がすぐにでも取るべき対策があります。それは、尖閣諸島と同様、外務省のウェブサイトで「沖縄県民自ら日本政府に先住民族として認めるよう要請をあげたことはない。国連の人権理事会や自由権規約委員会の、沖縄県民を先住民族とする勧告は誤りである」と多言語で発信することです。続いて、この勧告が出されることになった背景の調査と、再発防止のための法整備を行うことです。

■政府が今後取り組むべき国防政策

南京大虐殺や従軍慰安婦プロパガンダよりも長い歴史があり、成功している「沖縄プロパガンダ」とは、沖縄の反日反米組織及び政治家と沖縄のマスコミが一体となって作りあげた沖縄の世論が、東京のキー局を中心とする反日マスコミと反日組織によって全国、全世界に広められているという「フィクション」のことです。

具体的には、沖縄県民全てが米軍基地撤去を望み、沖縄県民全員が日本を恨み、沖縄では琉球独立論が台頭しているかのような、ステレオタイプな報道のことです。沖縄の情報はこの仕組みによって統制されているため、もはや、沖縄に住んでいる人でさえ、真実を知ることができなくなっているのです。

中国は、この仕組みを使って、沖縄県祖国復帰前は沖縄を日本に復帰させることにより日米安保を破棄させようと扇動し、その工作が失敗に終わって日本に復帰した現在は、逆に沖縄を日本から独立させることにより、先住民族の土地の権利として米軍基地の撤去を実現させようとしているのです。

その中国にとって、翁長知事の誕生は人民解放軍数百万に匹敵する大きな戦力であり、今こそ大きなチャンスだと思っていることでしょう。

中国空軍の幹線道路となった宮古海峡

■石垣市議会で見送られた尖閣諸島の字名変更

二〇一七（平成二九）年一二月四日、第八回石垣市議会定例会が始まりました。私は、急いで石垣市議会のウェブサイトを開き、提出議案概要をチェックしてみました。日本が尖閣諸島を実効支配していることを国際社会に示す、画期的な議案が上程されているはずだからです。

それは、尖閣諸島の現在の地名である「登野城」から、「尖閣」という文字を入れた名称に変更するというものです。しかし、提出議案を隅から隅まで読んでも、その議案は出ていないのです。そこで、知人の石垣市議会議員に電話をし、どうなっているのか聞いてみたら、「政府のほうからストップがかかったらしい」との言葉が返ってきました。非常に残念な話です。

この議案は、二〇一五（平成二七）年九月に本籍を尖閣諸島に移した南西諸島安全保障研究所の奥茂治《おくしげはる》氏が字名変更の陳情を提出し、翌年から市議会でも審議されていました。そして、二〇一七（平成二九）年九月議会では仲間均市議（「尖閣諸島を守る会」代表世話人）が、「『尖閣』という文言を地名に入れることで、国内外に石垣市の行政区域であることを知らしめてほしい」と要望し、中山義隆石垣市長は、「一二月議会には必ず議案を上程し、住所にしっかり『尖閣』という言葉が入るようにしたい」と名言していたのです。しかし、期待された一二月議会が開催された一二月四日、その議案が上程されなかったのです。

その日の夜一九時、産経新聞ネット版が中国外務省の記者会見での尖閣をめぐる発言を報道しました。

【北京＝西見由章】中国外務省の耿爽《こうそう》報道官は四日の記者会見で、沖縄県石垣市が尖閣諸島の字名を「登野城尖閣」に変更する方針を決めたことについて「日本側がどのようないんちきをやろうと、釣魚島（尖閣諸島の中国側名称）が中国に属している事実を変えることはできない」と反発した。耿氏は「釣魚島とその付属島嶼は古来、中国の固有の領土であり、中国側が領土主権を守る決意は揺るぎない」と主張。「われわれは日本が歴史と現実を正視し、この問題で騒動を引き起こすのを止め、両国関係改善の勢いを損なわないよう求める」と述べた。

■突如進展を始めた日中空海危機管理の連絡メカニズム

さらに二日後の一二月六日、尖閣に関係する重大なニュースが報道されました。共同通信が「尖閣衝突回避策で大筋合意。日中、連絡体制運用へ」というタイトルで配信したニュースです。「海空連絡メカニズム」とは、自衛隊と中国軍が尖閣諸島などで遭遇した場合、突発的な紛争が起きることを回避するため、艦船や航空機が直接連絡を取り合う方法を事前に定めたり、防衛当局幹部のホットラインを設けたりする仕組みのことです。日本は一九九三（平成五）年にロシアと海上事故防止協定を結び、航空機の無線周波数を統一しています。

日中間では、二〇一二（平成二四）年から協議を始めていますが、同年の尖閣諸島国有化により中断し、その後、再開したものの大きな進展が見られませんでした。それが、急に大きく前進し、大筋合意して近く正式に運用開始することが決まったというニュースです。

石垣市議会の動きと合わせて見ると、一二月四日、中国外務省が石垣市議会の尖閣諸島の字名変更に反発し、同日始まった石垣市議会で中山市長が尖閣字名変更の議案上程を見送り、その翌日から二日間上海で開催された日中間で「海空連絡メカニズム」設置案が突如進展し、大筋合意されたのです。

これらのタイミングを見ると、政府は、石垣市が字名変更を決議してしまったら、連絡メカニズムの協議は紛糾して進展することができなくなるため、石垣市に尖閣諸島の字名変更の中止を働きかけたのではないでしょうか。つまり、尖閣諸島の実効支配よりも日中関係改善を優先したのです。

「海空連絡メカニズム」の運用が、尖閣諸島の実効支配を見送ってまで進展させることが国益に叶うなら、それも一つの戦略かもしれませんが、それでも大きな疑問が残ります。共同通信によると、「地理的な運用範囲については触れない内容で折り合った」と報道されているのです。

これまで日本側は、中国側が連絡さえすれば尖閣周辺に侵入可能と解釈しかねないとして、領空、領海は運用範囲に含まれないと主張していました。しかし、今回の協議で急遽妥協したことになるのです。これでは、日本のスタンスは、強盗に「突然自宅に入ってきたら射殺してしまうかもしれないから、侵入する前には連絡してください」と言っているようなものですが、運用を開始したら、中国側は尖閣諸島の領空、領海を中国が日本に警告するエリアとして利用することでしょう。

「寸土を譲るものは全土を失う」という格言がありますが、政府の現在の外交はまさしく、これに該当するのではないでしょうか。

■中国空軍の幹線道路化を黙認する日本政府

現在、政府は二〇一八（平成三〇）年の日中平和友好条約締結四〇周年に向けて、習近平国家主席の相互訪問実現などによる両国の関係改善を目指しています。しかし、冷静に中国の動きを見ると、日中友好とは対極的な動きをしていることがわかります。得に最近顕著なのが、中国空軍の動きです。

二〇一八（平成三〇）年一月一九日、防衛省統合幕僚監部が平成二九年度第三四半期までのスクランブル発進の実施状況を発表しました。中国機に対するスクランブル発進は三九五回で、前年度同時期と比べて二四九回減少しましたが、対馬海峡を通過したり、宮古海峡を通過して紀伊半島沖まで来て折り返すなど、特異な動きが昨年度に比べ倍増し、二三件の事例を公表しています。

次頁図を御覧ください。防衛省が発表した、スクランブル発進の対象となった中国機の飛行パターンを黒線で描いています。宮古海峡を見ると、飛行ルートを示す線が重なって真っ黒になり、中国空軍の「幹線ルート」となっていることがわかります。対馬海峡の飛行以外は、全て宮古海峡を通過しているのです。

二〇一七（平成二九）年四月から一二月までの九カ月間の間に一七回、合計七三機の中国軍

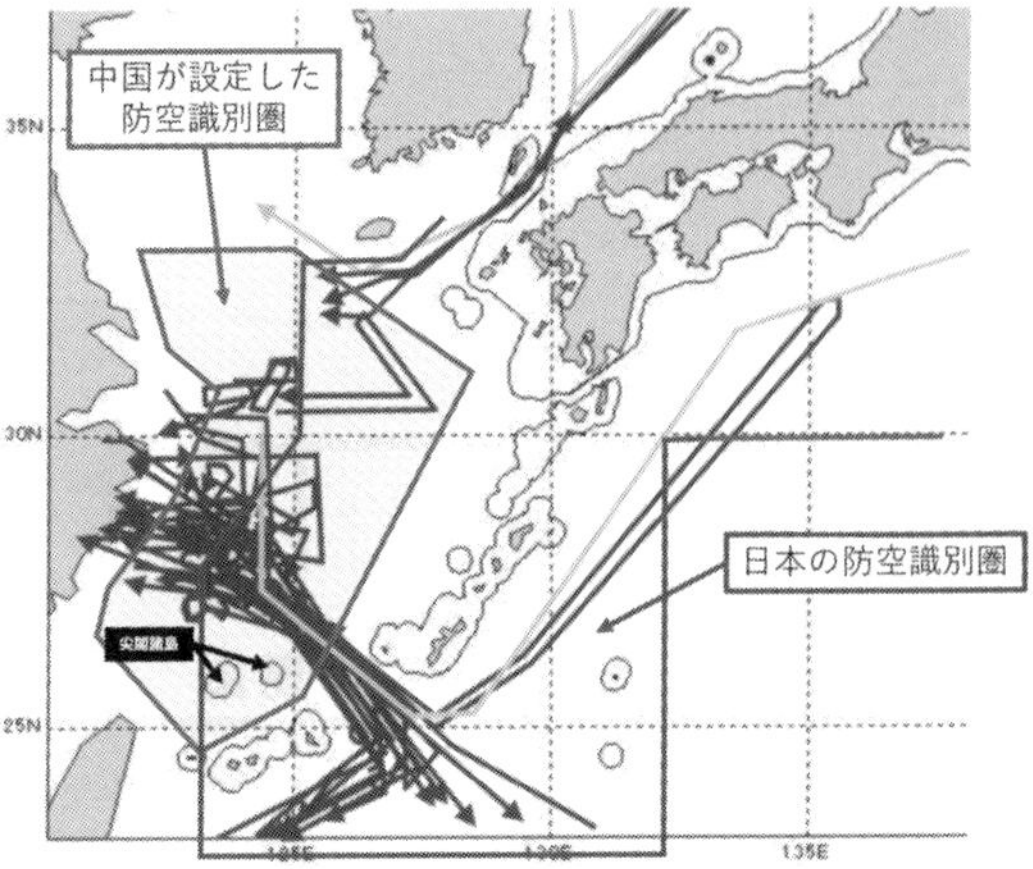

中国設定の防空識別圏

機が宮古海峡を通過しましたが、特筆するべきは、そのうちの四六機は爆撃機であるということです。紀伊半島沖まで飛行した六機も全て爆撃機なのです。

このような軍事的危機の中、外務省は中国空軍の動きに対して、目立った抗議をしていません。そこで、外務省に電話で確認してみました。

「宮古海峡は日本の防空識別圏内にあるので、航空自衛隊はスクランブル発進をし、警戒監視を行うが、防空識別圏は国際法上抗議する根拠とはならないので、表立った抗議は行っていない。中国は隣国であるため外務省は信頼関係の構築を重要視しているが、一方では防衛省と連絡を取り、安全保障上問題のある動きについては、外交ルートでは逐次監視表明をしている」

若干、心もとない回答です。

では、国際法上問題がないのなら、中国空軍はこれまでも頻繁に宮古海峡を通過していたのかというと、そうではありません。戦後長い間宮古海峡を通過したことはなく、初めて通過したのは、二〇一三（平成二五）年七月二四日の早期警戒機「Y‐8」一機と最近です。続いて同年一〇月二五日に爆撃機が初めて通過。二〇一六（平成二八）年九月二五日に初めて戦闘機が通過。その年の航空自衛隊の中国機に対するスクランブル発進は八五一回にも上り、一〇年前の四〇倍にも急増しています。そして、平成二九年度は防衛省が発表したように。宮古海峡を中心に、特異な飛行が急増しているのです。

これらが急増したのは、中国の尖閣諸島をめぐる動きと密接に関係しています。前述の通り、二〇一二（平成二四）年九月一一日、中国中央気象台は尖閣諸島を中国福建省の一地方として天気予報を開始。この日は、日本政府が尖閣諸島を国有化した日でもあります。この年の中国軍機に対するスクランブル発進は三〇六回と倍増し、ロシアと逆転しました。

二〇一三（平成二五）年一一月二三日、中国は一方的に、尖閣諸島を含む東シナ海に防空識別圏を設定。その年の中国機に対するスクランブル発進は四一五回、二六年度は四六四回、二七年度は六七一回、二八年度は八五一回と急増していったのです。

宮古海峡通過の回数は、初めて通過した二〇一三（平成二五）年に四回、二六年も四回、二七年に五回、二八年に五回、そして、第一九回中国共産党大会が開催された平成二九年度は九カ月間で一七回と急増したのです。

■台湾武力統一を視野に入れた訓練を開始した中国空軍

これらの動きからわかるのは、中国が尖閣諸島の領有を主張するのは、決して尖閣諸島という島が欲しいわけではないということです。まずは、尖閣諸島の天気予報を行うことで実効支配の既成事実を作り、今度は尖閣諸島を根拠に東シナ海の広い範囲に防空識別圏を設定しました。これにより、他国に文句を言わせずに尖閣諸島付近の上空まで、自由に飛行できる環境を作ったのです。そしてその次に悲願である、宮古海峡突破を果たしたのです。

では、中国はなぜそこまで宮古海峡にこだわるのでしょうか?

宮古海峡は、第一列島線最大の海峡です。第一列島線とは、日本列島を起点に、沖縄、台湾、フィリピン、ボルネオ島に至るラインで、中国海軍及び中国空軍の対米国防ラインとされています。彼らは有事において、このライン内の制海権や制空権を握ることを目標として戦力整備や訓練を行ってきたのです。

そして、その外にあるのが第二列島線です。第二列島線は、伊豆諸島を起点に、小笠原諸島、グアム・サイパン、パプアニューギニアに至るラインです。彼らは二〇二〇年を目処《めど》にこの第二列島線の内側の制海権、制空権の獲得を目指しているのです。その目的は、台湾有事の際に、中国軍が米軍の増援を阻止・妨害する海域と推定されているのです。

米国増援阻止エリア

彼らの宮古海峡突破の訓練ルートは、大きく二つに分かれます。一つは、台湾周回コースです。もう一つがグアムを標的に遠洋に向かって飛行するコースです。つまり、台湾の武力統一を行った際、同時にグアムも攻撃することを想定した訓練をしているということです。

中国軍機が宮古海峡から太平洋に出ていくということは、米軍の増援部隊を第一列島線の中に入れない訓練を行っているということなのです。

■宮古海峡を突破する中国海軍の強い意志

以上、中国の台湾統一にとって、宮古海峡がどれほど重要なものか、ご理解いただけたと思いますが、昨年一〇月の中国共産党第一九回全国代表大会以降の中国国防部の発信を見れば、その本気度が伝わってきます。

二〇一七（平成二九）年一一月三〇日、中国国防部報道官の呉謙大佐は記者会見で、「台湾

は中国の一部分であり、訓練は年度計画内の定例アレンジである。類似する訓練は今後も継続される」「私はここで強調する。中国を縛りつけることのできる鎖はない」と述べました。

これは、台湾統一宣言及び第一列島線突破宣言とも言えるでしょう。さらに、一二月一一日の訓練の翌日、「中国空軍は前日、轟-6K、蘇-30、殲-11と偵察機、早期警戒機、空中給油機などを〝繞島巡回《にょうとう》〟に出動、国家主権と領土を完全に守る能力を磨き強化した」と発表しました。この発言には重要なキーワードがあります。

それは「繞島巡回」です。これはこの時初めて公式の場で使われたキーワードで、「繞」は「しんにょう」の「にょう」の漢字ですが、「回る」とか「巻く」という意味です。中国空軍はバシー海峡と宮古海峡を既に突破しているため、先島諸島と台湾の周回を巡航飛行する訓練を頻繁に行っています。それを中国では「繞島巡航」と称し、台湾では「繞台巡航」と称して、新たな脅威として大きく報道されています。

中国空軍は、さらにこの「繞島巡航」というタイトルの動画を作成し、中国版ツイッターで拡散していることから、「繞島巡航」が重要な戦略であることがわかります。動画の最初には、「第一九回党大会の精神に学び、新時代に飛び立とう」と書かれており、続いて「新時代に羽ばたく中国空軍」というハリウッドの戦争映画のような動画を作成し、近代化された強い空軍のイメージを発信しています。その動画の字幕には、「習近平のリードする新時代中国特色社会主義思想のガイダンスのもとで中国空軍四〇万将兵初心を忘れず、改革と革新、励まし合い力強く飛び立つ」「強大で近代化した空軍を建設するために努力しよう」など、党大会のスローガンが書かれており、中国空軍の軍事戦略が全く新しい段階に突入したことがわかります。

結局、宮古海峡を制した者が東シナ海を制するのです。日米が制した場合は、中国を東シナ海に閉じ込める蓋《ふた》として機能し、中国が制した場合は、太平洋に展開する米軍を迎え撃つ中国空軍の幹線道路となるのです。

■政府は軍事以外の総力戦で中国の侵略を阻止せよ

現状では強大な在沖米軍が存在するため、宮古海峡の制空権は日米が有しており、中国は有事になると勝ち目がありません。そのために中国は、沖縄において復帰前から思想工作や政治工作を繰り返し、米軍基地撤去の沖縄世論を醸成してきたのです。

幸い、二〇一八（平成三〇）年二月四日の名護市長選挙に自民党候補が当選し、反米世論の扇動を抑えることができました。しかし、現在の自民党政府は、沖縄問題といえば基地問題、基地問題は沖縄県民の感情の問題、よって沖縄問題を解決するためには（抑止力を維持したままの）基地負担軽減、と捉えているようです。しかし、その認識では永遠に沖縄問題が解決しないどころか、沖縄自体が中国に奪われてしまいます。

沖縄問題の裏には、中国の巧みな世論工作と、沖縄県を福建省の経済圏に組み込むことを意図した経済交流があります。中国はいずれ、尖閣諸島だけではなく、沖縄も福建省の一部だと言い出すでしょう。最終的には沖縄を日本から引き離し、中国の支配下に置くことが目的だからです。つまり沖縄問題の本質は、中国の太平洋進出の裏メニューなのです。

政府には、今後の国土防衛は、軍事的観点だけでなく、経済、歴史、教育、情報戦、心理戦、全てを含めた総力戦として考えてもらいたいです。

日本を守る責任は防衛省だけでなく、全ての省庁で担わなければ、日本を守ることは不可能な時代に入りました。

外務省は、中国との恫喝外交に屈しないための外交防衛計画と、国連などを使った法律戦に対する国際法律戦防衛計画、経済産業省は、チャイナマネー等による経済侵略に対する経済防衛計画、文部科学省は、歴史認識を利用した歴史戦に対する歴史戦防衛計画を作成するなど、全ての行政を担う担当官庁が、それぞれの立場で国防の責任を果たし、しかも相互に支援して統一的な力を発揮してこそ、国防の目的を果たすことができるのです。

誰が沖縄県民を先住民族にしたか？

■突然台頭してきた琉球独立論の正体

ここ数年、琉球独立論が新聞や雑誌に登場し始めました。「これまでは居酒屋談義にすぎなかったが、今は独立可能だ！」という論調です。

実はこのような論調を掲載するのは、沖縄の新聞、雑誌ではなく、東京を中心に発信しているメディアです。おそらく、このような記事を読んだ方は、一〇〇％とはいかなくても、いくばくかはそのようなこともあるのだろうなと信じてしまっているのではないかと思います。

しかし、このような独立論を沖縄の新聞や雑誌がストレートに扱うことは、まずありません。前述のように、琉球独立論はほとんどの沖縄県民には受け入れられておらず、それを琉球新報や沖縄タイムスなど沖縄のメディアはよく知っているからです。

そのため、彼らが沖縄の世論を琉球独立に扇動するために編み出した用語があります。それが、「沖縄の自己決定権の回復」です。主に次のような文脈で使われます。

日米両政府による基地の押し付け差別から脱却するには「沖縄の自己決定権の回復」しか方法はなく、その根拠は国際法にある。国際社会に訴えるべきで、沖縄の代表が国連に訴えることは有効である。

■翁長知事の琉球独立宣言演説文に隠された巧妙なトリック

そのような扇動を数年続けた結果、二〇一五（平成二七）年九月二一日午後五時すぎ（日本時間九月二二日午前〇時すぎ）、ついに、翁長雄志沖縄県知事は、ジュネーヴで開催されている国連人権理事会において「沖縄の自己決定権」という言葉を使った演説を英語で行いました。

その英文原稿と日本語訳全文を紹介いたします。

【翁長知事・国連人権理事会演説全文（英文）】

Thank you, Mr. Chair.

I am Takeshi Onaga, governor of Okinawa Prefecture, Japan.

I would like the world to pay attention to Henoko where Okinawans' right to self-determination is being neglected.

After World War 2, the U.S. Military took our land by force, and constructed military bases in Okinawa.

We have never provided our land willingly.

Okinawa covers only 0.6% of Japan.

However, 73.8% of U.S exclusive bases in Japan exist in Okinawa.

Over the past seventy years, U.S. bases have caused many incidents, accidents, and environmental problems in Okinawa.

Our right to self-determination and human rights have been neglected.

Can a country share values such as freedom, equality, human rights, and democracy with other nations when that country cannot guarantee those values for its own people?

Now, the Japanese government is about to go ahead with a new base construction at Henoko by reclaiming our beautiful ocean ignoring the people's will expressed in all Okinawan elections last year.

I am determined to stop the new base construction using every possible and legitimate means.

Thank you very much for this chance to talk here today.

【翁長知事・国連人権理事会演説全文（日本語訳）】

「ありがとうございます、議長。私は、日本国沖縄県の知事、翁長雄志です。

沖縄の人々の自己決定権がないがしろにされている辺野古の状況を、世界中から関心を持って見てください。沖縄県内の米軍基地は、第二次世界大戦後、米軍に強制接収されてできた基地です。沖縄が自ら望んで土地を提供したものではありません。沖縄は日本国土の〇・六％の面積しかありませんが、在日米軍専用施設の七三・八％が存在しています。戦後七〇年間、いまだ米軍基地から派生する事件・事故や環境問題が県民生活に大きな影響を与え続けています。このように沖縄の人々は自己決定権や人権をないがしろにされています。自国民の自由、平等、人権、民主主義、そういったものを守れない国が、どうして世界の国々とその価値観を共有できるのでしょうか。日本政府は、昨年、沖縄で行われた全ての選挙で示された民意を一顧だにせず、美しい海を埋め立てて辺野古新基地建設作業を強行しようとしています。私は、あらゆる手段を使って新基地建設を止める覚悟です。今日はこのような説明の場がいただけたことを感謝しております。

ありがとうございました」

この演説後の県議会で「沖縄県民は先住民族だという誤解を国際社会に発信した。翁長知事は県民に謝罪するべきだ」と厳しい追及を受けましたが、翁長知事は「私は『沖縄の自己決定権』がないがしろにされていることを国際社会に訴えただけで、『先住民族』という単語も『独立』という言葉も使ったことはない」と言い訳をしました。

しかし、これは欺瞞です。県議は追及を続けました。その追及ポイントは、翁長知事が使った「self-determination」という英単語です。英文の原稿を見ると、Self と determination の間にハイフン(-)があります。「self-determination」を辞書で調べてみてください。「民族自決(権)」という意味があることがわかると思います。

新聞や報道などで紹介された「self-determination」の日本語訳は不正確であり、本当は、「沖縄の人々は(独立権をも含む)民族自決権や人権をないがしろにされています」と訳するべきだったのです。翁長知事の演説を聞いた国連の人は、日本からの独立を要求していると理解していたのです。

■沖縄県民の知らないところで出された四回の国連先住民族勧告

知事の国連人権理事会での演説に先立ってシンポジウムが開催され、翁長知事は二〇分ほどのスピーチを行いました。そのシンポジウムは、「市民外交センター」「反差別国際運動」が主催していました。

これらの団体が二〇一三（平成二五）年に開催したイベントチラシをネットで見つけました。そこには次のように記されています。

二〇〇七年、先住民族の権利に関する国連宣言が採択され、翌年には日本政府がアイヌ民族を日本の先住民族と認めました。現在アイヌ文化の保護促進の取り組みがなされているものの、民族の権利回復は遅々としてすすんでいません。また、「沖縄／琉球民族は先住民族だ」という主張に関して日本政府は国連の勧告にもかかわらず、認めていません。（後略）

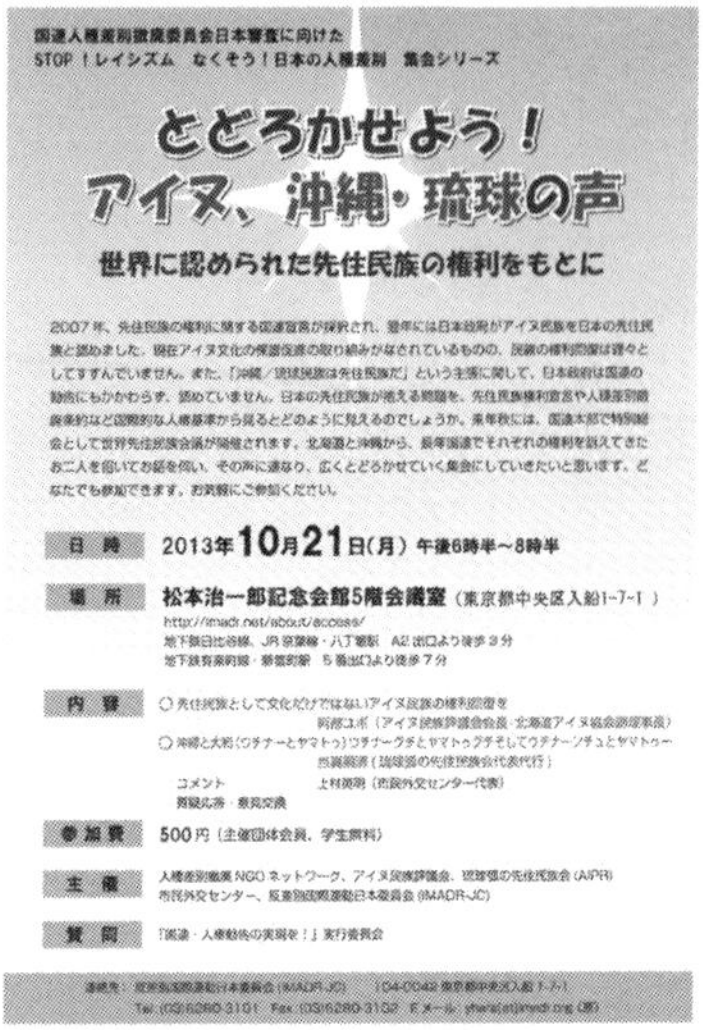
STOP！レイシズム　なくそう！日本の人種差別　集会シリーズ
とどろかせよう！
アイヌ、沖縄・琉球の声
世界に認められた先住民族の権利をもとに
日時　2013年10月21日（月）午後6時半〜8時半
場所　松本治一郎記念会館5階会議室（東京都中央区入船1-7-1）
参加費　500円
この集会の開催をほとんどの沖縄県民は知らない

このチラシには、ほとんどの日本国民も沖縄県民も知らない、重要な事実が書かれています。それは、「日本政府は国連の勧告にもかかわらず、認めていません」という部分です。

実は国連は、二〇〇八（平成二〇）年一〇月三〇日の自由権規約委員会以来、過去四回、「日本政府は琉球の人々を公式に先住民族として保護すべき」という勧告を出しているのです。

最初の勧告は、「国内法によってアイヌの人々及び琉球・沖縄の人々を先住民族として明確に認め、彼らの文化遺産及び伝統的生活様式を保護し、保存し、促進し、彼らの土地の権利を認めるべきだ。通常の教育課程にアイヌの人々及び琉球の人々の文化や歴史を含めるべきだ」というものです。

二〇一〇（平成二二）年四月六日には、人種差別撤廃委員会から「沖縄における軍事的基地の不均衡な集中は、住民の経済的、社会的及び文化的権利の享受に否定的な影響があるという現代的形式の差別に関する特別報告者の分析を改めて表明する」と勧告されています。

二〇一四（平成二六）年四月六日には、再び自由権規約委員会から「締約国（日本）は法制を改正し、アイヌ、琉球及び沖縄のコミュニティの伝統的な土地及び天然資源に対する権利を十分保障するための更なる措置を取るべきである」と勧告されました。

同年八月一四日には、人種差別撤廃委員会から「締約国（日本）が琉球の権利の促進及び保護に関連する問題について、琉球の代表との協議を強化することを勧告する」という勧告が出されました。

この勧告の存在と危険性に気づいた沖縄県豊見城市議会と石垣市議会は、先住民族勧告の撤回を求める意見書を採択しました。豊見城市議会は、同内容の決議文を国連にも提出しました。

その効果があったのかは不明ですが、現時点ではその後、国連の人権関連委員会からの勧告は出されていません。しかし、前述した「市民外交センター」「反差別国際運動」が執拗に国連に働きかけている可能性が高いため、引き続き警戒が必要です。

沖縄県は、ある意味、この二つの団体に乗っ取られていると言っても過言ではありません。沖縄県民でもなく、沖縄県民に選ばれた代表でもない人物が、沖縄県の未来に重大な影響を与える場で、あたかも代表であるかのように国連に訴えてきたからです。そして、その活動が実際に国連に誤った認識を与え、修正するのも大変な状況にまで持ち込まれてしまいました。

沖縄県民は、投票によって沖縄の未来を国会議員に託し、沖縄県のことは沖縄県議会で決める、これが本来の沖縄の民主主義ですが、その政治家も全く知らないところで、「沖縄県民は先住民である」と国連に訴え続けてきた人たちがいたということなのです。

これは許しがたいことなので、この団体の正体を調べてみました。そうすると、「反差別国際運動」とは、部落解放同盟の呼びかけで発足した国連人権NGOであることがわかりました。その東京事務所は、部落解放同盟中央本部と同一の住所なのです。

彼らは、沖縄の基地問題は先住民族である琉球民族の権利を侵害する人種差別と主張し続けてきたNGOであり、その団体がお膳立てし、時間枠まで譲ってもらって、翁長知事は辺野古移設反対の演説をしたということなのです。国連からすれば、先住民族の代表が「米軍基地押し付け差別」を訴えにやってきたと見えたことでしょう。

■中国と琉球独立派のシンクロぶり

次に、中国の沖縄を巡る主張を追っていくと、見事に沖縄の独立派の動きとシンクロしているのが見えてきます。二〇一三（平成二五）年五月一二日、中国の人民網日本語版に「琉球問題を掘り起こし、政府の立場変更の伏線を敷く」と題した社説が掲載されました。

中国は三つのステップで「琉球再議」を始動できる。

第一ステップは琉球の歴史の問題を追究し、琉球国の復活を支持する民間組織の設立を許可することを含め、琉球問題に関する民間の研究議論を開放し、日本が琉球を不法占拠した歴史を世界に周知させる。政府はこの活動に参加せず、反対もしない。

第二ステップは日本の対中姿勢を見た上で中国政府として正式に立場を変更して琉球問題を国際的な場で提起するか否かを決定する。

第三ステップは日本が中国の台頭を破壊する急先鋒となった場合、中国は実際の力を投じて沖縄地区に「琉球国復活」勢力を育成すべきだ。あと二～三〇年後に中国の実力が十分強大になりさえすれば、これは決して幻想ではない。日本が米国と結束して中国の将来を脅かすなら、中国は琉球を離脱させ、その現実的脅威となるべきだ。これは非常にフェアなことだ。

すでに、第一ステップにある民間組織は許可されています。香港の新聞「デイリーアップル」に二〇一一（平成二三）年一月一七日、「中華民族琉球特別区援助籌委会（設立準備委員会）成立公告」なる公告が掲載されました。

二〇一三（平成二五）年五月一五日には、沖縄に「琉球民族独立総合研究学会」が設立されました。実際に沖縄県民の代表である翁長知事が国連で演説を行いました。こうした中国側が描いたシナリオと平仄《ひょうそく》が合うように事態は進んでいます。

中国では独立学会設立のニュースは大々的に報じられました。環球時報は設立の翌一六日に「中国の民間は『琉球独立研究会』を支持するべきだ」と社説を掲載しました。CCTVも「中国は琉球の帰属を見直す」と題した特集を組み、「沖縄は日本に属さない」「琉球人民の独立運動」に「日本はパニック」に陥っている、などとする特集番組を放映しています。彼らは、沖縄の一連の動きを、独立に向けた動きと捉えています。

■中国は琉球独立運動を支援するべき

続いて、前述した唐淳風氏は二〇一〇（平成二二）年一一月一〇日、環球網に「中国は琉球独立運動を支持するべき」という論文を掲載します。そこでの新たな論点を列挙します。

一、アメリカの占領は日本政府と琉球住民の対立をより深いものにし、琉球独立運動を煽り立てている。

二、一九四五（昭和二〇）年四月、日本軍は琉球に玉砕令を発し二六万人以上虐殺をした。

三、二七年後、アメリカ軍は琉球の施政権を日本に移動したが、琉球人民からすれば青天の霹靂であった。

四、そのため、三八年来琉球人民はいまだ反日反米の独立闘争をやめていない。

以上、日本人が聞いても耳を傾けることすら難しい主張がたくさん出てきます。事実、この主張、一つ一つに対して丁寧に反論した日本人の学者も、ほぼ皆無ではないかと思います。

突拍子もない主張は、これだけにとどまりません。二〇一〇（平成二二）年一二月一四日、趙東という香港の活動家が、新聞一面を使っての「中華民族琉球特別自治区設立準備委員会」設立の公告をはじめ、年明けにかけて、複数の紙媒体に公告を掲載していました。その趣旨は、「日米両国は、カイロ宣言、ポツダム宣言を遵守して、琉球の主権を放棄しろ！」というものです。

このように、中国は、尖閣諸島で日中間の騒動を盛り上げながら、歴史的国際法的な理論武装を整えた上で、琉球の主権を主張し始めていたのです。

よく、「日本政府が尖閣諸島を国有化したから日中関係が悪化した」と主張される方がいますが、大きな誤りです。尖閣諸島の紛争を起こすことも、それを糸口として、沖縄の主権を主張し始めることも中国政府の方針として決まっていたのです。ただ、使える言いがかりはなんでも使うというだけの話です。

■国連も巻き込んだ琉球独立工作

尖閣諸島沖の中国漁船衝突事件までは、沖縄県祖国復帰前から琉球独立を主張していたのは、かりゆしクラブ（旧琉球独立党）ぐらいでしたが、その後、中国の主張を証明するかのように、公の場で独立を主張する人が加速度的に現れてきます。

二〇一一（平成二三）年六月二二日、石垣市出身の龍谷大学・松島泰勝教授が、国連本部で開催された脱植民地化特別委員会にグアム代表として参加し、「グアムと沖縄は植民地」だと訴えました。

二〇一四（平成二六）年八月二〇日、沖縄社会大衆党委員長、参議院議員の糸数慶子氏は、

スイスのジュネーヴで開かれた国連人種差別撤廃委員会で、基地建設の強行は「人権無視であり、琉球人への差別だ」と主張しました。続いて、翌月の九月二二日、米ニューヨークの国連本部で開催された、「先住民族世界会議」にて、二〇〇七（平成一九）年に採択された国連先住民族権利宣言（ＵＮＤＲＩＰ）を沖縄にも適用すべきだと主張し、日本政府に沖縄の人々を先住民として認めるよう訴えました。

そして、二〇一五（平成二七）年九月二一日、ついに前述の通り、翁長雄志沖縄県知事が、スイスのジュネーヴで開催されている国連人権理事会において演説を行いました。

この流れを見ても、尖閣紛争と沖縄県の政治状況が連動しているのは明らかです。もし、実効支配の既成事実作りとプロパガンダ発信を繰り返す中国に対して、日本政府がこのまま沈黙を保っていたら、尖閣諸島を防衛する自衛隊は侵略者として、沖縄の主権を持つ日本も先住民族を弾圧支配する非人道国家として、それぞれ汚名をかぶってしまうことになってしまいます。

よって、尖閣防衛、南西諸島防衛の図上演習には、自衛隊のみならず外務省などの関連省庁が参加し、中国の天気予報などの実効支配プロパガンダや中国の琉球独立工作も一つの他国からの攻撃要素として扱い、国連などの外交交渉も含めて、訓練、対処を行うべきです。

そうすれば、尖閣諸島の実効支配、沖縄の歴史戦の重要性や、戦争を回避するために何をなすべきかが明らかになってくるはずです。

おわりに

　私が主宰する日本沖縄政策研究フォーラムでは、沖縄問題を掘り下げた勉強会を開催し、毎月、昼と夜の二回、繰り返してきました。本書の大半は、二〇一七（平成二九）年に行われたセミナーの内容をベースに、まとめて活字にしたものです。

『沖縄問題』と一言で言っても「米軍基地問題」「尖閣諸島問題」「琉球独立工作問題」「教科書検定問題」「自衛隊配備問題」「中国軍の脅威」など、さまざまな問題があります。本書では、ほぼ全ての問題を網羅して、沖縄問題の全貌を明らかにしました。

　これまで、沖縄問題を扱った書籍は多数ありますが、ここまで広範囲のテーマを一冊の書籍で取り上げた本は、おそらくなかったのではないかと思います。

　本書を読んでくださった方は、きっと、沖縄問題を知ることは日本の根幹的な問題を知ることである、と感じ取ってくださったのではないでしょうか？

　さらに、沖縄問題の解決は日本の再建と同義語だと気がついた方もきっと、少なからずいらっしゃるのではないかと推察しております。

　私は、本書に書いている内容が日本の常識になったときには、沖縄は日本民族を束ねる聖地のようなシンボルになると確信しています。それが本来日本のあるべき姿で、反日左翼に乗っ取られ、反米、反日の拠点になっている現状が極めて異常な事態なのです。

ぜひ、皆様と一緒に、沖縄問題の解決、日本民族の復活、日本の再建を、遠くない未来に実現してまいりたいと思います。

さて、当法人のセミナーの動画はＹｏｕ　Ｔｕｂｅにもアップし、公式ウェブサイト（http://www.okinawa-seisaku.org/）にも掲載しています。また、最新の情報、及びご入会の案内も掲載しております。皆様のご入会を、心よりお待ち申し上げております。

最後に、執筆の機会をくださったハート出版の皆様、そして、私の執筆作業が遅れたため、雑多な資料を元に執筆を手伝ってくださった知念章さん、そしてこの書籍の元になった拙《つたな》い講演をいつも毎回受講してくださった皆様のご協力なくして、本書が世に出ることはありませんでした。

この場を借りて、深く御礼を申し上げます。

一般社団法人・日本沖縄政策研究フォーラム

理事長　仲村　覚

《巻末資料》屋良朝苗　国会参考人演説

第一類第七号　第十五回衆議院文部委員会議録第十号（抜粋）

昭和二八年二月一九日

ただいまご紹介いただきました私沖縄教職員会を代表して参っておりますところの屋良朝苗であります。

本日本委員会におきまして日ごろ私どもが悩んでおりますところの深刻な問題について訴えを申し上げ、お願いをする機会を与えてくださいましたことは、終戦以来祖国と切り離された悲境にある私どもにとりましては格別な感激であり、光栄でありまして、ここに深甚の謝意を表する次第であります。この機会を与えてくださいましたことは、皆々様が沖縄のことにつきまして非常に御関心を払っておってくださるということの現われでありまして、私は沖縄全住民を代表いたしまして、その御厚意に深甚の感謝の意を表する次第でございます。

さて悪夢のような十数年の歳月は、御同様有史以来のいばらの道でありましたが、今や祖国は晴れて主権を回復し、独立第二年を迎え、いよいよ国運発展の基礎を固められつつありますことはまことに喜びにたえず、衷心から祝意を表するものであります。

しかしながら翻って沖縄の現状を顧みますと、今次太平洋戦争におきまして、物心両面ともに灰燼的な打撃を受け、さらに戦後長い期間完全なる占領行政の特殊事情のもとに置かれて参ったのであります。いままた変転きわまりない国際情勢の俎上に載せられて、将来についても確たる見通しも立たない苦境に立って懊悩している次第であります。この複雑混迷のさ中にあるだけに、真に再建の基礎をつちかう教育の持つ意義は、実に重かつ大なるものがあると確信いたすものであります。沖縄の教育者またこのことを確認いたしまして、あらゆる困苦欠乏に耐えながら教育を守って行くためにいばらの道を闘いつつありますが、教育を阻むあらゆる過酷なる条件にさいなまれまして、内容的効果をあげ得ないでまことに苦慮しているのであります。たといいかなる環境の中にあっても、教育の対象である青少年は絶えず成長を続けて行くものであります。そして、その成長を助ける教育はいわゆる百年の大計のもとに行われる永遠のものでなければなりません。従って教育こそは、永遠の基礎の上に本来の姿において打ち立てられなければならないと思うのであります。しかるに沖縄の置かれている国際的地位はまったくこの基本的条件を不可能にしているのであります。すなわち沖縄の現在の立場はまったく畸形的不明瞭な仮の姿でしかないと思うのであります。そのような基礎の上に真実永遠の教育の建設は遺憾ながら不可能であります。

沖縄の帰属の問題については国連憲章や平和条約締結の根本精神たる人道主義的立場からしても、また民族的文化的歴史的な関係からしても、さらに沖縄県民の心情からしても、祖国日本に復帰すべきことはきわめて当然であって、本質的には何らこれを阻む理由はないと信じるもので

屋良朝苗

あります。われわれはこの確固たる大前提に立って若い世代の教育を進めて行きたいのであります。すなわち形式的にもまた実質的にも真実の日本人として祖国の児童生徒と同一の基礎や立場に立って教育を施して行きたいのであります。しかるに冷厳なる現情勢はこの押えがたい欲求を完全に阻んでいるのであります。われわれは何とかしてこの障害を排除して、畸形的な架空的な逆境から脱却して、永遠に向って伸び行く子供たちを一日も早く本然の姿において育て、素直な成長に空白を残さないように熱願しているものであります。それこそは一日も早く沖縄が元の沖縄県として祖国に復帰することによってのみかなえられることであります。

およそ個人にいたしましても、戸籍のない子供は肩身の狭い浮浪児であると存ずるのであります。そのような境遇の子がはたして素直順調に成育して参りましょうか。同様に社会にしても現実的に国籍が曖昧になっている社会は国際浮浪的な存在であり、そのみじめなる境遇においてどうして社会も人も本来の成長発展をとげることができましょうか。このようなぬえ的立場に起因して、われわれは教育上数々の障害を身をもって体験しつつあるのであります。たとえば今沖縄の子供たちが使用している日本地図から沖縄の地図は消えております。また戦争は終結したにかかわらず、国旗さえ自由に立て得ないのであります。その上に祖国の子供たちと共通の国民行事さえ持ち得ず、さらに何ら国家的恩恵にあずかり得ないのであります。かかる境遇にある子供たちがどうして真実の日本人として素直に成長して行くことができましょうか。

皆様かつてこの島は、かのアメリカの国運を賭しての大攻勢から、血をもって祖国を守って来たわが将兵十万余、無辜の住民十六万の骨を埋めたゆかりの地であります。それなるがゆえにこの島が犠牲となった巨万同胞の血のあがないのかいもなく、いつまでも祖国より分離されておりましては、地下の戦没者の霊も無念の血の叫びを続けていることでありましょう。また時勢の流れには当時としては抗するすべもなく、かの悲惨なる戦争に参加して、いたいたしくも祖国に殉じた青少年男女学徒等の最期をわれわれは絶対に忘れることはできません。彼らは愛する祖国を守るためにこそ、純情一途に最後まで祖国の勝利を信じつつ、あたら花のつぼみのようなうら若い身を、かの映画「ひめゆりの塔」で見られますように祖国に捧げたのでありました。われわれはいかなる障害を乗り越えても彼女らの純情を生かしてやりたいのであります。このことはわれわれ沖縄教育者の至上崇高なる課題であります。すなわちわれわれは彼らが文字通り身をもって守って来た祖国を失わしたくはないのであります。国政に参与せられる皆様、どうぞこの島に眠る戦没者の魂の声を聞きとっていただきたい。また条件はどうであろうと、いやしくも祖国を有し、それと一連の共通の文化と歴史を持ち、日本人としての民族的矜持を有する沖縄の住民が、どうしていつまでも異民族の統治下に満足しておられましょうか。どうぞ沖縄の住民の立場になって考えていただきたいと思うのであります。

（以下省略）

注：衆議院議録より、一部現代仮名遣いに改めましたが、それ以外は原文ママで引用しました。

◆著者◆
仲村 覚（なかむら さとる）

昭和39年、那覇市生まれ。埼玉県在住。昭和54年、陸上自衛隊少年工科学校（横須賀）入校。卒業後、航空部隊に配属。複数の企業勤務を経て、「日本は沖縄から中国の植民地になる」という強い危機感から活動を開始。平成29年に、「一般社団法人・日本沖縄政策フォーラム」を設立。同法人は、中国共産党が仕掛ける沖縄の歴史戦と本格的に戦う唯一の組織。
著書に『そうだったのか！沖縄』（示現社）、『沖縄の危機』（青林堂）。
『ビートたけしのTVタックル』（テレビ朝日系）に出演。
新聞雑誌等に「沖縄問題の第一人者」として論文を多数寄稿。

E-mail: nakamura.satoru7@gmail.com
公式サイト：http://www.okinawa-seisaku.org/

カバー写真：ミッフィー / PIXTA

沖縄はいつから日本なのか
学校が教えない日本の中の沖縄史

平成 30 年 4 月 24 日　第 1 刷発行

著　者　仲村 覚
発行者　日高 裕明
発　行　株式会社ハート出版

〒 171-0014 東京都豊島区池袋 3-9-23
TEL.03(3590)6077　FAX.03(3590)6078
ハート出版ウェブサイト　http://www.810.co.jp

定価はカバーに表示してあります。

ISBN978-4-8024-0054-1　C0021
乱丁・落丁本はお取り替えいたします。ただし古書店で購入したものはお取り替えできません。

印刷・製本　中央精版印刷株式会社